AMANI
ABUZAHRA

EIN ORT NAMENS WUT

AMANI
ABUZAHRA

EIN ORT NAMENS WUT

DIE EMOTIONALE LANDKARTE DER MARGINALISIERTEN UND WAS RASSISMUS MIT GEFÜHLEN MACHT

KREMAYR & SCHERIAU

Für Baba & Mama. Für meine Eltern.
Ich bin euch dankbar für die Wegweisungen.
Für den inneren Kompass,
der mir Halt für das Außen gibt.
Für die Entwirrungen dieser verwirrenden Welt.

INHALT

„Please don't disturb my peace if you're at war with yourself."[1]

VORSPANN: RASSISMUS & GEFÜHLE

Gefühle sind legitim. Wut ist legitim, vor allem in einem System, zu dessen Grundpfeilern Rassismus und Sexismus gehören. Aber nicht allen wird Wut und das Ausdrücken dieser Emotion zugestanden. Dabei dienen Emotionen als Wegweiser und navigieren uns durch das individuelle wie kollektive Leben. Was bedeutet es also, eingeschränkt und reduziert zu werden?

Dieses Buch ist ein Plädoyer dafür, Gefühle[2] und Rassismus ernst zu nehmen, die Wut ernst zu nehmen und auch das, was Rassismus mit den Gefühlen Marginalisierter macht. Uns selbst ernst zu nehmen. Erst die Erkenntnis, das Zur-Sprache-Bringen ermöglicht es, etwas zu verändern und uns auf das Bekämpfen von Missständen einzulassen.

Ich analysiere nicht Emotionen als solche, sondern im Kontext von Rassismus: Was also Rassismus mit uns als fühlenden Wesen macht. Wie sich unser Menschsein zeigt beziehungsweise zeigen darf. Ich nehme zum Beispiel nicht Freude oder etwa Höhenangst in meinen Fokus, sondern Gefühle, die in gesellschaftliche patriarchale Verhältnisse eingebettet sind, die von Sexismus und Rassismus geprägt sind. Emotionen also, die im Kontext der Interaktion primär marginalisierte Menschen betreffen.

Marginalisierte und Privilegierte erleben und fühlen die Welt höchst unterschiedlich. Gibt es in unserer Gesellschaft eine „emotionale Norm"? Gefühle, die für die einen legitim und normal sind? Emotionen lassen sich nicht von Kontext, Handlungen und Lebenswelten trennen. Sie sind stets in Machtdynamiken zu verstehen. Dem gehe ich auf den Grund.

Nicht alle Gefühle werden allen zugestanden - vor allem die Wut nicht. Megan Boler beschreibt die Dominanzgesellschaft[3] als eine „feeling power". Die Art und Weise, wie Weiße[4] fühlen, wird als „normal", als die Norm angesehen und akzeptiert. Weinen weiße Menschen, rücken sie mit ihren Sorgen und Ängsten in den Fokus und erhalten Empathie. Bringen Marginalisierte ihre Sorgen und Ängste zum Ausdruck, heißt es: „Sei nicht so empfindlich!"

Scheinbar kommt es darauf an, wer seine Gefühle zum Ausdruck bringt. So wird Wut bei Marginalisierten diszipliniert, kriminalisiert und sanktioniert, denn ihre Wut wirkt als Bedrohung der vermeintlichen Norm. Wütende Marginalisierte werden klein gehalten, lächerlich gemacht, um ihnen die Bedrohlichkeit zu nehmen. Oder aber die Marginalisierten unterdrücken selbst ihre Wut, denn wer will schon als Gefahr gebrandmarkt werden? Wenn man als vermeintliche Bedrohung aufgefasst wird, geht es um die Existenz.

Wir Menschen sind mit einem lernfähigen Gehirn ausgestattet. Früher ging man davon aus, dass diese Lernfähigkeit ab einem bestimmten Alter, spätestens der Adoleszenz, abnimmt. Inzwischen wissen wir dank der fortgeschrittenen wissenschaftlichen Auseinandersetzung mit Neuroplastizität um die Umbaufähigkeit (strukturelle Plastizität) des Gehirns.[5] Neue Bahnen können entstehen dank verschiedener Erfahrungen: Der Fachausdruck dazu lautet „experience-dependent plasticity of neuronal networks"[6]. Das bedeutet aber auch, dass Nervenzellen je nach „Benutzung" wachsen oder verkümmern. Je nachdem, wie wir unser Gehirn „nutzen", welcher Beschäftigung wir nachgehen, können neue „neuronal pathways" entstehen. Und damit Wege des Fühlens und Denkens. Das Netzwerk der Neuronen im Gehirn verändert sich im Laufe unseres Lebens. Um zu verstehen, warum manche emotionale Pfade häufig, andere wiederum selten genutzt werden, gilt es, auch die Gesellschaft zu betrachten.

Was braucht es für eine Neuausrichtung unserer neuronalen Wege und damit Emotionen? Ändern wir unsere Lebensweise, ändert sich das Netzwerk der Neuronen in unserem Gehirn. Und damit unsere Gefühle.

Was also tun, wenn wir wiederholt die Erfahrung machen, gekränkt zu werden, wenn wir Wut und andere Emotionen nicht so zeigen können, wie wir fühlen? Unsere Bedürfnisse zurückstecken? Marginalisierte finden sich in einer Gesellschaft wieder, die komplex Fühlenden kaum Raum gewährt. Die rassistisch-belehrenden Debatten seien zu erdulden. Wo haben dann unsere Gefühle Platz? Welchen Weg bahnen sie sich?

GESCHICHTEN DER WÜTENDEN

DER „ORIENTALE"

Es ist der 19. Februar 2020 in Hanau (Deutschland), ein Abend, der für Armin Kurtović und seine Familie alles verändert. Sein Sohn Hamza und acht weitere Menschen werden von einem rechtsextremistischen Attentäter ermordet. Der Vater sucht währenddessen seinen Sohn in der ganzen Stadt: am Kiosk, in der Shisha-Bar, im Krankenhaus, bei der Polizei. Bis er schließlich vom Tod seines Sohns erfährt. Es vergeht über eine Woche, bis er sich von seinem Sohn verabschieden kann. Im Bericht der Obduktion, die übrigens nicht mit der Familie abgesprochen war, wird Hamza als „südländisch-orientalisch" beschrieben. Dabei ist Hamza blond, hat blaue Augen. Fremdgemacht, bis in den Tod. Zu Lebzeiten hat er Diskriminierung erlebt, wie sein Vater erzählt:

> *Er ist viel kontrolliert worden von der Polizei in den vergangenen Monaten. Einmal kam er nach Hause und war richtig wütend über eine Kontrolle. Ich habe ihm damals gesagt: „Reg' dich nicht auf, die Polizisten machen auch nur ihren Job." Aber er war wirklich sauer. „Warum machen die ihren Job immer nur bei mir? Weil ich eine Jogginghose trage? Was wollen die?", hat er gefragt. Wir hatten eine kleine Diskussion, er ist rausgestürmt. Und dann kam er noch mal zurück ins Zimmer und sagte: „Du verstehst das nicht, Papa. Aber irgendwann, irgendwann*

wirst du es verstehen." Ich habe verstanden. Das würde ich ihm gern sagen.[7]

Hamza Kurtović wurde nicht nur Opfer eines rassistischen Anschlags, sondern auch von Behördenversagen. Tage nach der Ermordung seines Sohns schickten die Behörden dem Vater den Ausländerbeirat, einen Dolmetscher sowie einen Migrationsbeauftragten vorbei. Ihm, Hamzas Vater, der Deutsch spricht, laut Gesetz Deutscher ist, die deutsche Staatsbürgerschaft besitzt.

DIE „AGGRESSIVE"

„Wissen Sie, was Ihr Problem ist, Frau Abuzahra?", keift sie ins Telefon. Die Veranstalterin eines feministischen Events ist sehr ungehalten, aufgebracht und laut. Ihre Frage ist keine Frage - die Antwort schiebt sie nämlich gleich hinterher: „Ich sage es Ihnen. Sie sind aggressiv!" Selten, dass ich sprachlos bin, aber in diesem Moment muss ich schlucken. Sie schiebt mir eine Emotion zu, die ich bis jetzt nicht fühle, die sich aber mit ihrer Aussage langsam aufbaut. Sie spricht aggressiv mit mir und greift mich mit verschiedenen Unterstellungen an. Ich hätte keine Inhalte zu liefern, lediglich gute Medienarbeit, PR ohne Expertise quasi. Warum wurde ich dann überhaupt angefragt, auf ihrem Mega-Event zu sprechen? Ich fühle Wut in mir aufsteigen. Wut, weil ich ungerecht behandelt werde. Mein Vergehen?

Ich hatte es „gewagt", die Assistentin nach einem Honorar zu fragen, an sich nicht unüblich für eine Public Speakerin. Ihre Assistentin, die mich für das große Event gewinnen wollte, meinte allerdings auf meine Nachfrage zu Vergütung, es sei sehr knapp mit dem Budget und kaum mehr etwas davon über, weil bereits andere Speaker:innen gebucht seien. Sie würden allerdings viel Wert darauf legen, ihre Speaker:innen medial zu pushen. Eben das wirft mir die Dame am Telefon gerade vor. Paradox.

Ich recherchiere zum Event im Internet und finde die Homepage, die bereits das Programm ankündigt: ausschließlich weiße Frauen, die auf einer großen Bühne über Feminismus und die Zukunft sprechen sollen. An Dreistigkeit kaum zu überbieten, aber mit dem Telefonat, das auf mein Mail folgt, kommt schließlich das Totschlagargument: Ich sei aggressiv, daher wolle man mich nicht mehr einladen.

DIE „WUT-MUSLIMA"

Asma Aiad, eine Künstlerin und Aktivistin, war in den Sommerferien mit einer Reisegruppe junger österreichischer Musliminnen in die Türkei gereist. Sie nutzten die Urlaubszeit, um ein Land zu erkunden, kulinarisch und kulturell aufzutanken. Gemeinsam reisten sie von Istanbul zurück nach Wien. Sie landeten am Flughafen in Schwechat und bewegten sich wie alle anderen Reisenden in die Ankunftshalle. Dort wurden die Pässe kontrolliert. Eine junge Frau der Reisegruppe von Asma Aiad wurde vom Beamten hämisch befragt, ob sie „eh nicht zwangsverheiratet wurden".

Kopfschütteln auf Seiten der reisenden Frauen. Sie hatten gerade einen erholsamen Urlaub hinter sich, waren noch nicht mal eine Stunde in ihrem Land zurück und wurden schon mit Klischees, Vorurteilen und Fremdbestimmung konfrontiert. Die Betroffene beschwerte sich, woraufhin der Grenzbeamte erwiderte, er hätte sich nur einen Spaß erlaubt. Als ein anderer Reisender sich einmischte und den Polizisten fragte, wo da der Spaß sei, erwiderte der: „Was mischen Sie sich ein? Ich bestimme hier, was Spaß ist und was nicht. Sind sie ein Verwandter?"

Diese Entgleisung und Grenzüberschreitung eines Beamten ließen die Frauen nicht auf sich sitzen. Sie wehrten sich über den Amtsweg und brachten eine Beschwerde ein. Asma Aiad machte den Vorfall unter dem Titel „Willkommen zurück in Österreich! Willkommen zurück zum Rassismus" publik. Viele solidarisierten sich mit den Betroffenen. Medien nahmen den Vorfall auf und berichteten darüber unter dem Titel „Wut-Muslima".

Asma Aiad, die sich beschwerte, um ein Fehlverhalten aufzuzeigen, wurde als wütend dargestellt, als „Wut-Muslima"[8] bezeichnet. Zum rassistischen Übergriff am Flughafen kam also die zutiefst misogyne Berichterstattung darüber hinzu.

WUT-STORIES

1 „Samstags waren wir immer bei einem ägyptischen Familientreff im ersten Bezirk. Meistens blieben wir bis spät in die Nacht. Ich schlief dann oft am Sofa dort ein. Mein Vater weckte mich, ehe wir losfuhren. Es muss so 1 oder 2 Uhr früh gewesen sein. In der Landgutgasse wurden wir von Polizisten zur Seite gewunken. Es waren insgesamt drei.

Mein Vater kurbelte das Fenster runter.

‚Haben Sie etwas getrunken?', fragte ihn der Polizist. Er erwiderte, dass er Muslim sei und deshalb nichts trinke. Daraufhin der Polizist: ‚Jo eh, des sogn's olle - aussteigen!'

Der Satz hat sich in mein Hirn gebrannt, wie auch alles, was folgte. Ich weiß noch, dass ich Angst hatte, weil ich nicht wusste, was jetzt mit meinem Vater passieren würde. ‚Enta rayeh feen?' (Wo gehst du hin?), fragte ich meinen Vater.

‚Nur Kontrolle', antwortete er, um mich zu beruhigen. Der Polizist ging mit meinem Vater zum Kofferraum. Wenige Meter hinter ihnen standen die beiden anderen Polizisten, die miteinander flüsterten. Ich beobachtete alles vom Rücksitz aus . Papa sollte das Warndreieck herzeigen. Meine Unordentlichkeit habe ich von ihm geerbt, dementsprechend heftig wühlte er. Er war beinahe mit dem ganzen Oberkörper im Kofferraum verschwunden. Neben ihm der Polizist, der grinste und zu seinen Kollegen zurückschaute. Ich weiß noch, dass ich mich umschaute. Drüben bei der Tankstelle standen drei Männer, die rauchten. Ich drehte mich wieder um und schaute nach hinten. Mein Vater kramte noch immer. Plötzlich bewegte sich der Kofferraumdeckel nach unten. Der Federmechanismus war kaputt. Das ganze Auto war sowieso schon etwas älter. Der Kofferraumdeckel war also auf dem Weg, mit voller Wucht auf den Rücken meines Vaters zu knallen. Dieser bekam das natürlich nicht mit. Der Polizist neben ihm aber sah, wie sich der Kofferraumdeckel langsam senkte. Ich sah ihn an, während ich an das Heckfenster klopfte, um meinen Vater aufmerksam zu machen. Der Polizist reagierte nicht auf mein Klopfen. Ich wollte ihm doch nur sagen, dass er seine Hand ausstrecken und den Deckel auffangen solle.

Das tat er aber nicht. Stattdessen verzog er das Gesicht zu einer Grimasse der Schadenfreude, die sich ebenso in mein Hirn eingebrannt hat und machte zwei Schritte zurück, während er zusah, wie der Deckel auf den Rücken meines Vaters knallte. Ich hörte nur einen kurzen, stumpfen, erstickten Laut von meinem Vater, einem großen und festen Mann der alten Schule, der nie gelernt hatte, Schmerz zu zeigen. ‚Männer weinen nicht', sagte er immer zu mir. Aber jetzt wollte ich weinen, aus dem Auto stürmen und dem Polizisten wehtun ... so, wie er meinem Vater wehgetan hatte. Die Polizisten hinten lachten. Der vordere lachte ebenso und drehte sich zu ihnen um, als mein Vater dann endlich das Warndreieck fand und es herzeigte."[9]

2 Saime ist mit ihrer Freundin abends unterwegs, sie freuen sich, den Arbeitstag gemeinsam ausklingen zu lassen. Sie wollen Pizza essen gehen. Da kracht es plötzlich neben ihnen, sie ducken sich reflexartig und versuchen, sich in Sicherheit zu bringen. Das war doch ein Schuss?! Sie sind verwirrt. Wer würde auf sie schießen? War es tatsächlich eine Waffe? So klang es zumindest. Sie erhalten kurz darauf die Bestätigung: Sie finden am Boden neben ihnen ein Projektil. Jemand hat tatsächlich auf sie geschossen. Im Wohngebäude war ein Fenster geöffnet, ein Mann war flüchtig zu sehen.

Sie haben Angst, zittern, knien neben einem Auto, wo sie Schutz suchen. Die Angst macht ihnen das Atmen schwer, ihr Brustbereich zieht sich zusammen. Angst schmerzt nachweislich. Sie fühlen den Schmerz. Sie leben die Angst. Wo ist ihre Angst auf der emotionalen Landkarte der Gesellschaft zu finden? Wie viel Beachtung wird ihr geschenkt? Wie ernst werden sie genommen? Werden sie in ihren emotionalen Bedürfnissen aufgefangen?

Sie wenden sich noch in derselben Nacht an die Exekutive. Die Polizei allerdings belächelt das Ganze – dabei sollte sie alarmiert sein. Beide Frauen tragen ein Kopftuch und sind damit eine Projektionsfläche für das Ausmaß an grassierender Islamfeindlichkeit. Saime bleibt mit ihrer Freundin beharrlich, lässt sich nicht abwimmeln und erstattet Anzeige.

3 Es laufen die Anmeldungen für das neue Schuljahr. Im Herbst ist es so weit, dann kommt auch Leyla endlich in die Schule. Sie freut sich auf die erste Klasse, aufs Lernen und auf die Lehrer:innen. Ihre Mama hat ihr erklärt, dass man sich dafür in einer Schule anmelden muss und die Direktorin sie kennenlernen will. Leyla ist dreisprachig aufgewachsen: mit Türkisch, Deutsch und Bosnisch. Sie hat auch sehr bald begonnen, sich fürs Lesen, Schreiben, Malen zu interessieren. So kommt es, dass sie schon vor Schulbeginn sowohl Türkisch als auch Deutsch und Bosnisch lesen kann. Ihre Lieblingsbeschäftigung ist zurzeit die Weltkarte... Länder und deren Hauptstädte mit dem Zeigefinger zu entdecken.

Dann, am besagten Tag, als Mutter und Tochter in der Schule zur Anmeldung erscheinen, kommt alles anders als erwartet. Statt einer Anmeldung zum Schulunterricht bekommt Leyla als zukünftige Schülerin den Status „außerordentlich" verpasst. Die Muttersprache sei Türkisch und Leylas Name klinge fremd. Das sei Grund genug, so die Direktorin, sie im Laufe des Schuljahrs noch nicht zu benoten, sondern zuerst „adäquat" zu fördern, damit sie schließlich den Status „ordentliche Schülerin" erreiche. Die Mutter erhebt Einspruch, macht darauf aufmerksam, dass ihre Tochter drei Sprachen sprechen, schreiben und lesen kann - und das alles bereits ein halbes Jahr, bevor überhaupt die Schule beginnt. Und dass Leylas Mutter selbst Germanistik studiert. Doch all das tut wenig zur Sache.

4 „Ich heiße Hamza, aber alle im Kindergarten nennen mich Hamster", erzählt mir der Junge. „Weißt du, mein Name ist nämlich zu schwer für sie."

„Und mich nennen alle Afrika", sagt sein Freund. „Weil ich Schwarz[10] bin."

Ich traue meinen Ohren nicht.

„IF YOU ARE NOT ANGRY, YOU ARE NOT PAYING ATTENTION.“

Wie wütend sind Sie, wenn Sie diese Geschichten lesen? Wie nah sind sie an Ihrer Lebensrealität? Wie sehr entsprechen sie Ihrer eigenen Lebenswelt? Wie viel Wut mussten Sie hinunterschlucken? Wie viel Wut war gesellschaftlich in Ordnung zu zeigen?

Wut wird zum Gradmesser für Ungerechtigkeit, Grenzüberschreitungen, Ausgrenzung, Behördenversagen und Ausschluss. Menschen, die marginalisiert werden - und jene, die zwar nicht selbst betroffen sind, aber dieses Unrecht spüren -, empfinden angesichts dieser Umstände Wut und finden sich an diesem Ort wieder, der auf der emotionalen Landkarte anzeigt: so nicht! Die rassistischen Erlebnisse sind Marker auf der emotionalen Landkarte und wenn man hineinzoomt, wird sichtbar, dass individuell viel Schaden entstanden ist. Zoomt man aus der Landkarte der Emotionen heraus, wird wiederum deutlich, dass es sich um ein gesamtgesellschaftliches, strukturelles Problem handelt. Wut als Reaktion auf diese vielen Marker ist dann nicht mehr länger eine persönliche Angelegenheit, kein individuelles Gefühl, sondern ein kollektives.

Ein anderes Leben ist möglich, sowohl individuell als auch kollektiv. Wut hat das Potenzial, uns dorthin zu navigieren.

MÜCKENSTICHE

Vor einigen Jahren übernachtete ich in Salzburg in einem Hotel. Den Abend davor war ich zu einer Diskussionsrunde eingeladen. Es war spät geworden. Daher bediente ich auch mich als eine der Letzten beim Frühstücksbuffet. Am Nebentisch hörte ich ungewollt ein Gespräch mit, als die Chefin mit einer jungen Frau sprach, die scheinbar gerade neu in den Betrieb gekommen war:

Chefin: „Dein Name klingt so anders. Türkisch?"

Die Auszubildende bejaht.

Chefin: „Was arbeitet denn dein Papa? Deine Mama ist ja sicher Hausfrau."

Auszubildende: „Nein, meine Mutter arbeitet. Mein Vater ist zu Hause."

Die Chefin reagiert erstaunt, doch dann scheint ihr ein einleuchtender Gedanke zu kommen: „Also ganz der Pascha?"

Auszubildende: „Nein, er darf aus gesundheitlichen Gründen nicht mehr arbeiten."

Der US-amerikanische Psychiater Chester Middlebrook Pierce, Mitglied der Gruppe „Black Psychiatrists of America", beschrieb diese sozialpsychologischen Phänomene bereits 1970 als Mikroaggressionen. Es handelt sich hierbei um subtile, nicht immer offensichtliche, passiv-aggressive, rassistische, sexistische, klassistische Aussagen. Sie haben stets dieselben Konsequenzen: Menschen werden in ihrer Identität herabgewürdigt, in Frage gestellt und es wird eine Trennlinie zwischen „hier" und „dort", zwischen „uns" und „den anderen" gezogen. Sie ist zwar imaginär und konstruiert, aber trotzdem sehr wirkmächtig. Was ist mit „dort" gemeint? Wie viele Marginalisierte dachten sich nicht schon, was für ein toller Ort „dort" sein müsse, wenn man „hier" dieses und jenes nicht machen dürfe, es sich nicht gehöre, nicht üblich sei?

Wie viele Menschen wurden in ihrer Herkunft nicht schon zu Unrecht jenseits der Landesgrenzen verortet? In einem Seminar während meines Masterstudiums zu Intercultural Studies hatten wir uns vorzustellen, woher wir kämen. Mit der Frage kann man mich üblicherweise jagen, wenn sie deplatziert ist. Aber in dem Kontext freute ich mich. Toll, wir würden in dem Studium in die Tiefe gehen und kritisch das Konzept der Herkunft hinterfragen. Dachte ich.

Ich saß in der ersten Reihe. War also die erste, die der Professor aufrief. Ich erzählte, ich sei aus Wien angereist, das Studium fand in Salzburg statt. Der Professor fragte nach, naja, woher ich eigentlich käme? Amstetten, antwortete ich. Das genügte ihm offensichtlich nicht. Nein, ursprünglich, wollte er wissen. Gmunden, zählte ich weiter auf. Dort hatte ich eine Zeitlang im Internat gelebt. Auch diese Antwort stellte ihn nicht zufrieden. Da erst erkannte ich, worauf er hinauswollte. Es musste wohl ein Ort jenseits der österreichischen Landesgrenzen sein. Einen Striptease meiner Familiengeschichte hatte er sich erwartet. Der Gipfel der Frechheit war für mich erreicht, als ich bemerkte, dass er niemand anderen aus der Studiengruppe nach deren Herkunft fragte. Diese Frage war also keine Frage, sie zielte ausschließlich auf Bestätigung ab. Auf die Bestätigung der eigenen Vorurteile, Stereotype und Rassismen.

Und das ließ ich nicht auf mir sitzen. Also fragte ich ihn, woher er denn käme. Er war verwundert. Naja, eh von hier, meinte er. Dieses berüchtigte „Hier". Ich hakte nach, was denn „hier" genau zu bedeuten habe? Er nannte ein kleines Dorf in Oberösterreich. An der Umkehrung der Fragerichtung wurde ihm erst bewusst, wie intim, wie persönlich seine Fragestellung war. Diese Spiegelung empfehle ich seitdem immer wieder, wenn ich Erfahrungen mit Grenzüberschreitungen berichtet bekomme. Wenn jemandem unangenehme Fragen gestellt werden, sollte die Person diese einfach dem Gegenüber ebenfalls stellen und den Lernraum eröffnen, was solche Fragerei auslöst - und damit zugleich den Machtmissbrauch des Fragenden unterbrechen. Wer fragt, gibt vor.

Mit solchen Fragen wird Menschen vermittelt, dass sie nicht hierhergehören. In diesem kurzen Dialog kommt es zu einer Fremdverortung auf zwei Ebenen. Zum einen ist es eine *fremde* Person, welche die Zuschreibung durchs stete Nachfragen vornimmt, zum anderen wird man in der Definition und durch das Infragestellen als *fremd* markiert.

Fremde werden erkennbar gemacht, indem bestimmte Differenzmerkmale (wie etwa Türkisch, weil Französisch sprechen ist en vogue) zu etwas *Fremdem* erklärt werden. Die Reduzierung des Menschen auf ein bestimmtes Merkmal birgt eine unermessliche Gefahr für das gesellschaftliche Klima. Es entsteht der Impuls, der in Europa als bereits überwunden galt: Menschen aufgrund ihrer (religiösen) Gesinnung unter Beobachtung zu stellen und dies an ihrer Kleidung und Sprache festzumachen. Das öffnet Tür und Tor für Missbrauch, Generalverdacht und Verleumdung.

Diese kleinen und unscheinbaren Aussagen und Erlebnisse sind wie Mückenstiche. Man wird gestochen, es ist erträglich, das bisschen Jucken. Aber es bleibt nicht dabei, bald folgt schon der nächste Mückenstich. Und wieder einer. Und wieder einer. Bis es zu viel wird. Das Jucken. Das Kratzen. Und dann entstehen Wunden. Die schlecht heilen durch das viele Kratzen. Und dann folgt schon der nächste Stich. Das sind Mikroaggressionen.

Derald Wing Sue ist ein Psychologieprofessor chinesischer Abstammung, wuchs in einem reichen, weißen US-amerikanischen Wohnviertel auf. Er erlebte von klein auf Ungerechtigkeit und Vorurteile, wie zum Beispiel Lehrer:innen, die ihm seine Berufswünsche im Sozialbereich ausredeten, weil „Chinesen sozial nicht so stark sind". Diese Erfahrungen prägten ihn nachhaltig. Seine Vorbilder waren Malcom X und Martin Luther King Jr., die ihn zu seiner Forschung an der Columbia-Universität inspirierten. In den 1970er

Jahren verwendete der US-amerikanische Professor Chester M. Pierce den Begriff Mikroaggressionen, der von Sue Jahrzehnte später aufgenommen und weiter ausgeführt wurde. Sue unterscheidet drei verschiedene Formen der Mikroaggression[11]:

Da wären erstens Mikroangriffe, ein Herabwürdigen von nichtweißen Menschen, sowohl verbal als auch nonverbal. Hierbei handelt es sich um blanken Rassismus. Menschen werden als *fremd* markiert und aufgrund ihrer ethnischen, religiösen, kulturellen, sprachlichen Identität sowie ihrer Hautfarbe diskriminiert. Es sind offensichtliche Übergriffe und rassistische Beschimpfungen.

Die zweite Form sind Mikrobeleidigungen, die subtiler und versteckter sind als die offene und direkte Herabsetzung. Ignoriert und nicht ernst genommen zu werden fällt auch in diese Kategorie.

Als wir einmal in einer Gruppe in der Wachau wandern waren, kehrten wir ein und jausneten beim Heurigen. Viele andere Gäste saßen um uns herum auf den andren Bänken und genossen wie wir die Zeit im Grünen. Alle Sitzbänke waren belegt. Als wir fertig waren, ging die Gruppe schon mal vor. Ich saß also allein - mit viel Platz und wartete auf den Kellner, um zu zahlen.

In der Zwischenzeit kamen weitere Gäste. Doch es war kein Tisch mehr frei. Sie schauten sich um und fragten schließlich eine kleine Gruppe, ob sie sich dazu setzen dürften.

Danach kam eine weitere Familie, dann eine dritte und schließlich eine vierte, die sich jeweils zu anderen dazu setzten. Als ich endlich zahlte, machte sich eine der Familien auf den Weg, um den frei gewordenen Platz von mir einzunehmen. Sie hätten sich von Anfang an hersetzen können, ließ ich sie wissen. Sie waren verlegen. Irritiert. Sie meinten lediglich, es sei ihnen nicht bewusst gewesen. Für mich allerdings eine weitere schmerzliche Erfahrung, gemieden zu werden.

Die dritte Form sind Mikroentwertungen, sie bezeichnen ein Entwerten beziehungsweise Negieren der Perspektive Marginalisierter. Erfahrungen von Betroffenen werden dabei nicht ernst genommen, Übergriffe werden kleingeredet oder die Wahrnehmung den Marginalisierten sogar abgesprochen. Wie oft bekommt man nicht in Diskussionen erzählt, man werde auch diskriminiert, wenn man als weiße Person verreise und in anderen Ländern urlaube. Man wisse, wie sich das anfühlt, und so schlimm sei es dann auch wieder nicht.

Diese verschiedenen Formen der Mikroaggressionen, Fragen wie: *„Wieso kannst du so gut Deutsch?"*, *„Bist du zwangsverheiratet worden?"*, *„Darf ich deine Haare anfassen?"*, *„Durftest du dir deinen Mann selbst aussuchen?"*, *„Ist dir nicht heiß mit Kopftuch?"*, *„Deine Mama muss arbeiten und dein Papa sitzt wie ein Pascha zuhause rum?"* sowie das Nicht-Gesehen-Werden, das Nicht-Gehört-Werden, das Ignoriert-Werden; all das macht wütend.

EMOTIONEN & LANDKARTEN

Diese Wut ist aber keine, die aus dem Nichts kommt. Keine, die nicht berechenbar ist. Im Gegenteil, zu viele rassistische Erfahrungen prägen Marginalisierte, zu viel negative mediale Berichterstattung über Geflüchtete in diese Richtung ebnet eine Bahn, die es leicht macht, in Wut zu verfallen. Beim Aufwachsen in einer rassistisch strukturierten Gesellschaft höhlt der stete Tropfen den Stein. Erinnerungen kommen hoch, Emotionen werden wach. Der Körper reagiert.

Emotionen hinterlassen in bestimmten Körperregionen ihre Spuren. Gefühle aktivieren unseren Körper sehr unterschiedlich, so das finnische Forscher:innenteam unter der Leitung von Lauri Nummenmaa an der Universität Aalto[12]. Emotionen zeichnen den Körper. Sie finden also nicht nur im Kopf statt. Während Freude den ganzen Körper einnimmt, aktiviert Scham den Kopfbereich. Trauer hingegen ist wie ein Kälteschock, der Körper wird kalt und zeigt kaum Reaktion. Bei der Liebe wird wiederum ein größerer Teil des Körpers aktiviert. Das Ergebnis der Studie war: Jedes Gefühl hat ein spezifisches Aktivitätsmuster. Wie eine topografische Landkarte lässt sich also auch eine emotionale Landkarte des Körpers zeichnen. Dabei liefern Emotionen wertvolle Informationen über unseren mentalen, körperlichen, geistigen, sozialen, intellektuellen Zustand.

Der Emotionsforscher Thomas Hülshoff beschreibt Emotionen als ein mehrdimensionales Geschehen: *„Emotion kann als körperlicher Zustand, als seelische Empfindung oder als ein unser Denken und Handeln bestimmendes Phänomen wahrgenommen werden."*[13] Sie bereiten uns auf kommende Ereignisse vor. So kann es durchaus sein, dass sich auf dem Weg zu einem wichtigen Termin Panik ausbreitet: Hände werden schwitzig, Schweißperlen tropfen von der Stirn, Herzklopfen, wir sind nervös. Unsere Gefühle aktivieren das Nervensystem. Hierfür ist die Amygdala in unserem Gehirn verantwortlich. In brenzligen Situationen wird sie aktiv. Widerfährt uns eine Kränkung, eine Ungerechtigkeit, werden wir unfair behandelt, dann ruft das die Reaktion der Wut hervor. Hierfür hat sich zunächst die Amygdala eingeschalten, die den Hypothalamus aktiviert und dieser versetzt den Körper in Alarmbereitschaft.

Jede Emotion hinterlässt Spuren in unserem Gehirn: in Form eines neuronalen Netzwerks. Je öfter wir uns bei einem Gefühl aufhalten, umso stärker wird diese neuronale Bahn. Je öfter wir bestimmte Erfahrungen machen, die spezifische Emotionen auslösen, umso nachhaltiger sind die strukturellen Änderungen im Gehirn. Was wir dann wahrnehmen, sehen, ist nur bedingt eine Spiegelung unserer Welt, sondern primär eine Reaktivierung unserer emotionalen Erfahrungen. Emotionen und Wahrnehmung beeinflussen einander wechselseitig.

Emotionen formen also unsere Wahrnehmung. Jede negative Erfahrung - und das sind Rassismuserlebnisse nun mal - gräbt sich in unser Gehirn ein. Dies wiederum ebnet eine Wahrnehmungsstrecke im Gehirn, die uns hellhörig, vorsichtig und misstrauisch werden lässt. Um uns zu schützen. Denn Ausgrenzung gräbt sich nicht nur in unser Gehirn, sondern vor allem auch in unser Leben.

Daraus können wir schließen: Rassismus ist anstrengend, schränkt enorm ein und raubt wertvolle Zeit!

Misstrauen, Angst, Wut und Enttäuschung, wenn in einer kritischen Situation niemand Zivilcourage zeigt - all diese Empfindungen sind Wegweiser. Sie zeigen, wo wir stehen, in welcher Welt wir leben. Die Gefühle zeigen uns deutlich, wann unsere Grenzen verletzt werden.

Emotionen dienen als Spiegel, nicht nur für den Zustand eines Menschen, sondern auch einer Gesellschaft. Fällt ein Kind hin und weint es, drückt es seine Trauer aus. Es äußert seinen Schmerz. Werden politische Skandale aufgedeckt, demonstrieren Menschen auf der Straße und bringen damit ihren Unmut zum Ausdruck. Aktuell sind Klimaaktivist:innen bemüht, auf politische Missstände aufmerksam zu machen und ihrem Ärger über einen fehlenden Systemwandel im Sinne der Rettung des Klimas mit Protestaktionen medienwirksam Luft zu verschaffen.

Scham, Angst, Heiterkeit, Freude, Trauer, Apathie, Gier, Ärger, Vertrauen, Mut, Optimismus, Liebe, Hass, Neid bringen jeweils einen momentanen Zustand zum Ausdruck. Diesem Gehör zu schenken kann unheimlich bereichernd sein, weil wir dadurch auf Umstände stoßen, die es zu ändern oder zu akzeptieren gilt. Sowohl individuell als auch gesellschaftlich.

Die Beschäftigung mit der emotionalen Landkarte - sei es einer Person oder der Gesellschaft - kann als eine Form der Selbstreflexion verstanden werden, sowohl individuell als auch gesellschaftspolitisch. Eine Bestandsaufnahme, welche Emotionen in einer Gesellschaft vorherrschen (also sichtbar sind), welche unterdrückt werden (also unsichtbar sind), verdeutlicht das Selbstverständnis der Gesellschaft: Wo stehen wir, wie fühlen wir und was unterdrücken wir? Wie lange halten wir uns in welchem Gebiet (mit welcher Emotion) auf? Wo stehen wir emotional? Welche Marker auf der Landkarte würden uns ins Auge stechen? Welche sind prominent? Welche unscheinbar und nur mit der Lupe zu finden? Es gibt verschiedene Emotionen, gesellschaftlich anerkannte und weniger beliebte. Jene, die Spuren hinterlassen, und jene mit feinen Linien. Solche, die gut sichtbare Spuren hinterlassen, und solche, die mit bloßem Auge kaum erkennbar sind.

Die Landkarten der Kartograf:innen veranschaulichen Raumbeziehungen - wir finden auf ihnen Straßen, Wälder, Berge, aber auch Flüsse. Sie dienen uns als ein Navigationssystem, zur Orientierung, zur Standortbestimmung. Landkarten existieren seit Jahrtausenden, man könnte sagen, die Geschichte der Landkarten ist so alt wie die Menschheit. Höhlenmalerei zum Beispiel diente dazu, geografisches Wissen zu dokumentieren. Man geht unter anderem davon aus, dass Malereien genutzt wurden, um Wanderrouten zu markieren.

Menschen hatten stets ein Interesse daran, sich zu orientieren und Geografisches als Anhaltspunkte festzuhalten. Die ersten systematisch erstellten Karten wurden im alten Mesopotamien, dem heutigen Irak gefunden und stammen aus der Zeit um 3800 v. Chr. Im Mittelalter wurde die Wissenschaft der Kartografie vor allem von Muslim:innen forciert. Eine der bekanntesten ist die Weltkarte des Abu Abdallah al-Idrisi von 1154, die im Auftrag des Königs Roger II. von Sizilien entstand. Als Kartograf lebte al-Idrisi am Hof des Königs, bereiste den Großteil seiner Zeit Seen, Ländereien und studierte die geografischen, politischen, sozioökonomischen Umstände, sowie die Klimazonen und die Auswirkungen auf die Pflanzen- und Tierwelt. Seine Forschungsergebnisse und sein erworbenes Wissen sind im Werk „Reise des Sehnsüchtigen, um die Horizonte zu durchqueren“ nachzulesen. Seine geografischen Arbeiten beeinflussten die Kartografiewissenschaft weltweit, wie weitere Geograf:innen, zum Beispiel Ibn Battuta, Ibn Khaldun und Christoph Columbus. Ganze drei Jahrhunderte blieben seine Erkenntnisse das Standardwerk der Wissenschaft der Kartografie.

Je weiter wir in der Menschheitsgeschichte voranschritten, umso genauer und präziser wurden die Karten. Seit jeher dienten sie als Hilfsmittel.

So möchte ich auch in diesem Buch mit Landkarten als Hilfsmittel arbeiten, nämlich für Gefühle, um auf unsere Gesellschaft und Innenwelt zu blicken: Welche Welt erleben wir und wie fühlen wir uns darin? Betrachten wir diese Emotionslandkarte, lassen sich Fragen stellen: Welche Welt wollen wir eigentlich vor dem Klimawandel retten? In welcher Welt wollen wir leben? Wie können wir anders leben? Erleben wir unsere Gesellschaft alle gleich?

Die Landkarte der Emotionen zeigt Wut, Glück, Trauer, Scham, Ekel, Freude, Hoffnung und mehr auf. All diese Gefühle haben ihren Platz. Sie alle sind vorhanden. Wie oft wir als Gesellschaft oder als Individuen verschiedene Emotionen „anfahren“, wie lange wir uns wo aufhalten, kann sich stark unterscheiden. Je nach Zuweisung des Geschlechts, je nach Marginalisierung, Differenzmerkmalen, je nachdem, wo wir uns auf der politischen Landkarte der hiesigen Gesellschaft wiederfinden, ob in der Mitte der Gesellschaft oder an ihrem Rand. Oder auf welcher Stufe der Hierarchie, in welcher Machtposition wir uns befinden.

Diesen Fragen gilt es auf den Grund zu gehen, um sich innerhalb dieser Gesellschaft zu verorten, der eigenen Position, den eigenen Möglichkeiten, Begrenztheiten sowie Emotionen bewusst zu werden, um aus dieser Verortung heraus eine Veränderung einzuleiten.

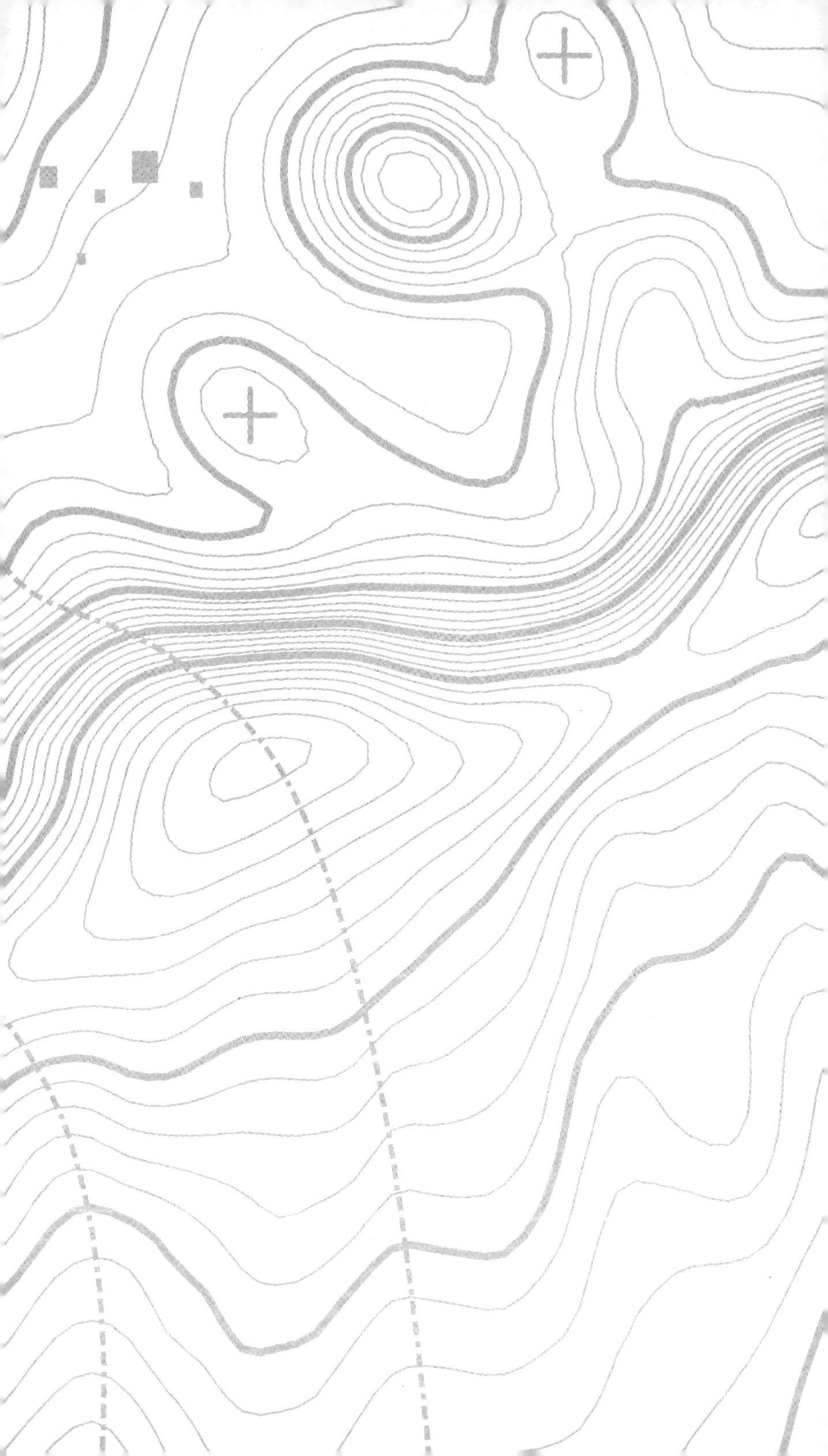

„Wut ist ein cis-männliches, überwiegend heterosexuelles Privileg."[14]
(Ciani-Sophia Hoeder)

EMOTION WUT

Zeichnen Marginalisierte eine Landkarte der Emotionen, nimmt Wut darauf eine markante Stelle ein. Für Marginalisierte gibt es viele Gründe, wütend zu sein: Ungerechtigkeit, Rassismus, Sexismus, das Patriarchat. Allerdings ist diesen Menschen das Ausleben ihrer Wut nur bedingt möglich. Lässt sich ein Kriterium der Berechtigung zur Wut feststellen? Inwiefern haben „Wutbürger:innen" ein Recht darauf, wütend zu sein, wenn ihre Gründe nicht den Fakten entsprechen? Es scheint, als gäbe es unterschiedliche Berechtigungen – als hätten manche mehr Anrecht darauf, wütend zu sein und Wut in der Öffentlichkeit zu zeigen als andere. Ist Wut somit ein Privileg? Wer genau darf dann seiner Emotion freien Lauf lassen? Was würde sich ändern, wenn dies alle täten?

Wenn man Gefühle als Ratgeber versteht, dann signalisiert Wut, dass etwas nicht in Ordnung ist. Wut als Gradmesser für empfundene Ungerechtigkeit zeigt laut, klar und deutlich, dass eine Veränderung notwendig ist. Diese Emotion hat also das Potenzial, uns ins Handeln zu bringen. Allerdings lediglich Potenzial, wohlgemerkt – denn Wut kann auch lähmen, statt zu aktivieren, und zerstören, statt zu verändern. Dabei ist sie nicht schwarz-weiß, sondern hat ihre Facetten und Nuancen. Das spiegelt sich auch in unserer deutschen Sprache, wenn man Wut beschreiben will: vor Wut platzt der Kragen, wüten wie ein Wirbelsturm, vor Wut aufstampfen, vor

Wut kochen, sich aufbäumen vor Wut, vor Wut rasen, eine Wut im Bauch haben, vor Wut schäumen.

Die US-amerikanische Emotionsforscherin und Bestsellerautorin Brené Brown formuliert die verschiedenen Nuancen von Wut folgendermaßen:

> *„Anger is a catalyst. Holding on to it will make us exhausted and sick. Internalizing anger will take away our joy and spirit; externalizing anger will make us less effective in our attempts to create change and forge connection. It's an emotion that we need to transform into something life-giving: courage, love, change, compassion, justice. Or sometimes anger can mask a far more difficult emotion like grief, regret, or shame, and we need to use it to dig into what we're really feeling. Either way, anger is a powerful catalyst but a life-sucking companion."*[15]
> (Brené Brown)

Wut ist ein Ventil, um Energie loszuwerden. Diese Emotion kann allerdings im Eifer des Gefechts zum Tunnelblick führen. Unser Denken verengen. Allerdings haben viele ein ambivalentes Verhältnis zu diesem Gefühlszustand: entweder fressen sie die Wut in sich hinein, stauen sie auf, oder aber sie lassen sie direkt und sofort raus, sie wüten - ohne Rücksicht auf Verluste. Wie jede Emotion hat auch diese verschiedene Anteile - einen zerstörerischen, einen produktiven und Schattierungen dazwischen. Wut kann uns dabei helfen, zu sondieren, was wichtig ist, was *uns* wichtig ist, wie wir leben oder nicht leben wollen. Der mächtigen Emotion Wut haben wir so einige Revolutionen zu verdanken. Wut diente seit jeher als Antrieb, gegen gesellschaftliche Ungerechtigkeiten vorzugehen. Dabei gibt es durchaus einen produktiven Umgang mit Wut, den es sich zu erarbeiten gilt. Die Wahrscheinlichkeit ist, wie wir gleich sehen werden, höher, dass man als Frau ein problematisches Verhältnis zu Wut hat denn als Mann, historisch bedingt.

„WEIBLICHE WUT“

„It actually doesn't take much to be considered a difficult woman, that's why there are so many of us.“
(Jane Goodall)

Wut gilt als eine Emotion, die in der Gesellschaft negativ konnotiert ist, aber nicht prinzipiell. Während wütende Frauen meist als hysterisch abgestempelt werden, wird Wut bei weißen, heterosexuellen Männern häufig als Durchsetzungsvermögen und starkes Auftreten interpretiert. Frauen wird relativ klar vorgegeben, wie sie zu leben, sich zu verhalten haben, dank der Werbung auch, wie sie einen Haushalt zu führen haben. Kommt es zu einer Abweichung vom Idealbild des liebevollen Mütterchens, zu einem Aufmucken und Widersprechen, wird ihr Gemütszustand als hysterisch beschrieben. Quasi eine Schwäche, die mit dem „Frausein“ einhergeht.

Hysterie ist negativ konnotiert. Ich kenne keine einzige positive Nuance. Gesellschaftlich gesehen immer mit weiblicher, irrationaler Wut verknüpft, die sich vermeintlich ohne nachvollziehbaren Grund entlädt. Sie wird als Gegenbild zur Ratio formuliert. Etymologisch stammt das Wort Hysterie vom griechischen *hystéra,* Gebärmutter ab.

Seit der Antike ist dieses Konzept der hysterischen Frau wirkmächtig. Frauen waren keine mündigen, geschweige denn selbstbestimmte Individuen. Im europäischen philosophischen Menschenbild wurden Frauen als minderwertig verstanden, es galt, sie zu erziehen und zu disziplinieren. Der französische Philosoph Jean-Jacques Rousseau formulierte den Auftrag im Jahr 1762 folgendermaßen: „Die ganze Erziehung der Frau muss daher auf die Männer Bezug nehmen. Ihnen gefallen und nützlich sein, [...] das sind zu allen Zeiten die Pflichten der Frau.“[16]

Gefühle fordern und können überfordern, wenn es zu keinem adäquaten Umgang damit kommt. Emotionen fordern ihren Raum und deuten an, wenn etwas nicht mehr stimmig ist – vor allem bei

Wut. Statt sich damit (und mit den Menschen, die sie ausdrücken) auseinanderzusetzen, kann der vermeintlich einfachere Weg sein, diese nicht ernst zu nehmen und zu degradieren – wie im Laufe der Jahrhunderte mit Frauen im Patriarchat umgegangen wurde und nach wie vor wird.

Sigmund Freud formulierte Hysterie als eine „Krankheit des Gegenwillens". Das bringt es wohl gut auf den Punkt: Frauen wehrten sich gegen aufgezwungene Rollenbilder, die ihnen kaum Luft zum Atmen ließen. Sich wehrten sich gegen vorgeschriebene Normen und vorgegebene Lebenswege, aus denen sie wohl keinen anderen Ausweg fanden als mit – wie Freud es nannte – „übertriebener Emotionalität". Hysterie wird zum Spiegelbild der Gesellschaft: die hochemotionalen „Anfälle" sind Ausdruck eines misogynen Systems.

Der Hitchcock-Film „Rear Window" („Fenster zum Hof") gibt die Rolle der Frau in den 50er Jahren wieder und macht deutlich, wie sehr Sexismus und Genderstereotype etabliert waren und nach wie vor sind. Folgender Dialog zwischen den Figuren Lisa Fremont und Jeff Jeffries fängt den Sexismus ein:

Lisa: I wish I could be creative.

Jeff: Oh, sweetie, you are. Y-Y-You have a great talent for creating difficult situations.

Lisa: I do?

Jeff: Sure.

Sie wird nicht ernst genommen in ihrem Bedürfnis nach Kreativität oder vielleicht mit ihrem Wunsch nach Anerkennung dessen, was sie bereits Kreatives geschaffen hat. Stattdessen wird sie belächelt und klein gemacht.

In den 50er Jahren war das Fernsehen voll von sexistischer Werbung. So zum Beispiel die TV-Werbung[17] der Marke „Dr. Oetker" von 1954 mit folgendem Titel: „Eine Frau hat zwei Lebensfragen: Was soll ich anziehen und was soll ich kochen?" Ein Zeitdokument dafür, wie misogyn die Werbung und damit die Gesellschaft damals war.

Im Mittelpunkt der Werbefilme steht „Frau Renate", eine junge Dame, die sowohl in ihrem Berufsleben als auch in ihrer Rolle als Hausfrau gezeigt wird. Sie soll eine „junge, tüchtige, berufstätige Frau, die sich abends und am Wochenende rührend um ihre Familie kümmert" darstellen. Auf mich wirkt sie eher gestresst, abgehetzt, all ihre Bewegungen sind hastig, sie läuft fast nur von einem Ort zum anderen, aber immer mit einem Lächeln auf den Lippen. Wer ist bitte so gut gelaunt unter Stress?

Folgender Kommentar unter dem Dr.-Oetker-Werbevideo, das auf YouTube zu finden ist, fasst es gut zusammen:

> *„Good old times, wo die Frau genauso viel arbeitet wie der Mann und trotzdem den ganzen Haushalt alleine schmeißen muss, damit der feine Herr Pudding fressen kann, wenn er nach Hause kommt."*

Die Frau hat genauso viel Arbeit und Last zu tragen wie der Mann, tatsächlich sogar mehr, da auf ihr auch noch gesellschaftliche Normen und Zwänge lasten und sie zusätzlich noch Hausarbeit zu leisten und sich um das Wohl des Mannes beziehungsweise über kurz oder lang das Wohl der Familie zu kümmern hat. Davon gibt es noch zig weitere Werbungen. Die Reihe von Dr. Oetker ist gut dokumentiert und recherchierbar. In einem anderen TV-Spot der Backmarke unter dem Titel „Wenn plötzlich Besuch kommt"[18] fällt der Satz: *„Sie hat es viel besser, sie darf backen ... er darf reden."* Klare Rollenaufteilung und ein Frauenbild, das viele Frauen der 50er in eine Depression stürzte. Das Beruhigungsmittel Valium feierte in den USA in zig Haushalten erfolgreich seinen Einzug, um den stressigen Alltag und die vielfältigen Anforderungen bewältigbar zu machen (für die Frauen). Aber auch, um Angstzustände und Nervosität zu lindern. „Mother's little helper" wurden sie seit dem Lied der Rolling Stones (1966) genannt. Doch oftmals waren es nicht die passenden „little helpers". Die betroffenen Frauen und Mütter waren in der Tat auf der Suche nach Hilfe, aber stattdessen bekamen sie von Ärzten[19] Psychopharmaka verschrieben, um sie ruhigzustellen. Das Ziel war ein Verhindern von Hilferufen, Schmerz und Kritik an einem krankmachenden System.

Wen wundert es, dass Frauen schnell als wütend abgestempelt wurden, sobald sie ihre Emotionen ob dieser Ungerechtigkeiten zum Ausdruck brachten? Wut, die als Hysterie gelabelt wurde und nach wie vor wird. Denn die Zeiten der Misogyne und des Sexismus sind nicht vorbei. Aktuelle Werbesujets bedienen sich ebenso diskriminierender Darstellungen von Frauen.

Frauen waren aber auch auf gesetzlicher Ebene massiv benachteiligt. Das Wahlrecht für Frauen ist hart erkämpft. Das Recht, studieren zu dürfen, war ebenso nicht einfach zu bekommen. In Deutschland hat es beispielsweise über 800 Jahre gedauert, bis Frauen schließlich an diversen Universitäten zum Studium zugelassen wurden. Der Besuch war in den Jahrhunderten davor ausschließlich Männern erlaubt. Österreich führte das Frauenwahlrecht erst 1918 ein, bis dahin waren sie also von der politischen Teilhabe ausgeschlossen, im Gegensatz zu den Männern, die seit 1861 wahlberechtigt waren. Die Härte bleibt aber immer noch die Schweiz. Erst seit 1971 (!) dürfen Frauen an die Wahlurne. Davor war ihnen der Gang verwehrt. Mehr als die Hälfte der Schweizer:innen waren ausgeschlossen vom demokratischen Recht des Wählens.

Mit der Selbstbestimmung über Vermögen und Beruf sah es bei den Frauen Europas nicht besser aus. Erst seit 1958 dürfen Frauen in Deutschland ein eigenes Konto eröffnen, über ihr hart verdientes Geld selbst entscheiden. Bis dahin stand dieses Vorrecht dem Mann zu, er verwaltete ihren Verdienst. Er hatte auch die Möglichkeit, ihr Arbeitsverhältnis jederzeit zu beenden. Bis heute ist in Sachen Gleichberechtigung, gerechtem Verdienst von Männern und Frauen noch sehr, sehr viel Luft nach oben. Umso verständlicher die Wut der Frauen auf ein System, das sie jahrhundertelang unterdrückt und klein gehalten hat.

All das zu wissen und als Muslimin dann immer wieder vorgeworfen zu bekommen, man lebe eine Religion, die eine unterdrücke, die per se frauenfeindlich sei, macht eine wütend.

Vor mehreren Jahren hielt ich einen Vortrag über „Musliminnen in Europa". Danach fragte mich eine Dame, ob ich denn nicht einfach eine Checkliste erstellen könne. Was so alles zu berücksichtigen sei im Umgang mit Musliminnen, und vor allem, welche Werte wichtig seien. „*Gerne*", erwiderte ich, etwas ironisch, „*wenn Sie mir eine Checkliste über christliche Frauen geben können, dann wäre mir wiederum sehr geholfen. Zwecks Anlehnung bei der Erstellung.*" Sie konterte: „*Naja, aber DIE christliche Frau gibt es ja gar nicht.*"

Eben, DIE muslimische Frau gibt es genauso wenig wie DIE christliche Frau; genauso wenig wie DEN Flüchtling. Denn damals - 2015, als ich den Vortrag hielt - kursierten zig Klischees und Vorurteile über Flüchtlinge, speziell muslimische. Es war das Jahr, in dem sehr viele syrische und afghanische Vertriebene Platz in Europa suchten.

In vielen TV-Debatten, auf Social Media und anderen Kanälen hieß es immer wieder, Geflüchtete hätten diametral *andere* Werte, andere Lebensvorstellungen und Lebensweisen als die Europäer:innen. So setzte sich das Narrativ durch, Geflüchtete in Kurse zu schicken, um ihnen österreichische Werte zu vermitteln - demokratische, rechtsstaatliche Werte sowie, und jetzt wird es spannend, den Umgang zwischen Mann und Frau, um die Integration zu erleichtern. Eine Schule der Werte - aber nur für Geflüchtete. Als hätten wir in Europa das Zeitalter der Gleichberechtigung bereits hinter uns.

Der Wunsch, selbstbestimmt in Freiheit und Würde zu leben, ist universell. Warum sonst flüchten so viele Menschen aus Kriegsländern? Viele Syrer:innen beispielsweise, Männer wie Frauen (!), erklären, das Wichtigste sei ihnen, mit ihren bisherigen Qualifikationen auf dem Arbeitsmarkt Fuß zu fassen oder weiter zu studieren. Ihnen zu erzählen, wie gleichberechtigt Mann und Frau in Österreich zusammenleben, erscheint absurd, lenkt man den Blick auf den gravierenden Geschlechterunterschied beim Einkommen hierzulande oder etwa in Richtung der oberösterreichischen Landesregierung im Jahr 2015. Die bestand einfach ausschließlich aus Männern! Keine einzige Frau saß damals in der Landesregierung Oberösterreichs.

Das österreichische Arbeitsmarktservice hat 2016 sehr interessante Zahlen einer Erhebung veröffentlicht.[20] Geflüchtete aus Syrien, dem Irak und dem Iran besitzen demnach ein höheres Bildungsniveau als Österreicher:innen. 23 % verfügen über ein abgeschlossenes Studium. Laut Statistik Austria liegt die Quote der österreichischen Akademiker:innen hingegen lediglich bei 15,9 %. Syrische Frauen (36 %) hatten übrigens deutlich öfter einen Studienabschluss als syrische Männer (21 %).

Gleichberechtigung zwischen Mann und Frau ist sehr wohl ein Thema, aber eben für alle gleichermaßen, sodass dies gesamtgesellschaftlich bearbeitet werden muss. Warum also diese Diskriminierung gegen alteingesessene Österreicher:innen, warum sollte man ihnen vorenthalten, wie ein gleichberechtigter Zugang zu Ressourcen und Arbeitsmarkt und die Aufteilung der Verantwortung innerhalb der Familie funktionieren können? Weiterentwicklung täte allen gut. Genauso täte es uns gut, Demokratie und Gleichberechtigung nicht nur auf die Fahnen zu heften, sondern diese auch zu leben.

Ruth Bader Ginsburg (1933–2020), die Richterin am US-Supreme Court, hat vielen Frauen ihrer Generation und denen nach ihr Wege geebnet. *„When there are nine"* war ihre Antwort auf die Frage, wann denn es denn genug Richterinnen am neunköpfigen Supreme Court gäbe.

Warum? Weil es bis 1981 ja auch nur weiße Männer waren, und das hatte wohl genauso gereicht. Wenn es für weiße Frauen schon schwer war, war es für Schwarze Frauen und Women of Colour so gut wie unmöglich! Erst 2022 wurde erstmals in der Geschichte der USA eine Schwarze Frau, nämlich Ketanji Brown Jackson, als Richterin an den Obersten Gerichtshof ernannt.

Mit dem Thema weibliche Wut in der Politik sind viele Vorurteile und Stereotype verknüpft. Von wegen Frauen wären zu emotional, Politik zu betreiben, Geschäfte zu führen und sonstige öffentliche Tätigkeiten zu bewältigen. Ich erinnere mich nur zu gut an das Bild, das durch das Netz ging. Männer, die im US-Parlament hektisch debattierten, laut herumschrien, während die „Squad", bestehend aus Alexandria Ocasio-Cortez, Ayanna Pressley, Ilhan Omar und Rashida Tlaib ruhig zuhörte. Schnell avancierte die fotografisch eingefangene Situation zum Meme. Dieses Bild ist auch deswegen so bezeichnend, weil *der* Muslimin, *der* Latina, *der* Schwarzen – also Frauen und BIPoC[21] – unterstellt wird, sie seien ach so irrational und wenn wütend, dann unberechenbar. Es zeigt sich sehr deutlich, dass Emotion nicht gleich Emotion ist.

Wut ist multidimensional. Sie aktiviert unseren Körper und vermittelt uns, wenn etwas gehörig nicht in Ordnung ist. Wut verhilft uns dazu, die eigenen Bedürfnisse und Grenzen zu spüren. Ein „Beruhig' dich mal!" oder ein „Sei nicht so hysterisch/wütend!" negiert diese starken Gefühle. Wenn man erlebte Grenzüberschreitungen aufzeigt und dieses Aufzeigen ignoriert wird, führt das zu einer starken Verunsicherung oder noch größerer Wut, die dann als Bestätigung der primären Aufforderung verstanden wird, sich doch zu beruhigen. Wenn Wut ein Gradmesser für Ungerechtigkeit ist, dann bringt die Emotion den Wunsch nach Veränderung zum Ausdruck. Dann ist das Ziel ein gerechtes Leben für alle. Was, wenn die Landkarten uns nicht dienen? Wenn sie uns durch eine Welt navigieren, die uns krank macht? Was, wenn wir den Blick auf Marginalisierte, Unterdrückte, Frauen richten? Wenn Marginalisierte eine Landkarte der Emotionen zeichneten, wie sähe diese aus? Was wären die prägnanten Höhenlinien, die am dichtesten besiedelten Gebiete?

AUSLÖSER DER WUT

Eine Widersprüchlichkeit offenbart sich in der Modewelt. Dort ist möglich und legal, was im Alltag verpönt und in manchen Ländern auch verboten ist.

Die Rapperin Cardi B[22] war auf der Fashion Week 2019 in Paris mit einem Outfit zu sehen, das nicht nur ein modisches Statement war, sondern (wohl ungewollt) auch zu einem politischen wurde. Denn sie war mit einem Blumenstoff von Kopf bis Fuß gänzlich verhüllt. Dies ist allerdings in Frankreich verboten – und das schon seit 2011, aufgrund des Verhüllungsverbots (aka „Burkaverbot"). Hat Cardi B eine Strafe erhalten? Nein, im Gegensatz zu zig anderen Musliminnen, die ihr Gesicht mit einem Niqab (= Gesichtsschleier) bedecken.

Im September 2022 warb die Modemarke Tom Tailor mit einem Model, das sein Gesicht mit Stoff bedeckte.

Die Botschaft ist: Wenn eine Frau ihr Gesicht aus modischen Gründen bedeckt, ist das in Ordnung. Bedeckt sie es allerdings aus religiöser Überzeugung, so ist dies verboten und wird mit einer Geldstrafe geahndet.

Meiner Meinung nach noch grotesker wird es, wenn Vogue France[23] auf Instagram ein Bild der amerikanischen Schauspielerin Julia Fox mit Kopftuch postet und dazu schreibt: *„Yes to the headscarf"*, um diese Aussage allerdings nach viel Kritik später umzuformulieren. Den Schmerz und die Erniedrigung, die mit dieser Aussage anderen zugefügt werden, bringt ein junger französischer Modeblogger auf den Punkt:

> *„Don't caption your post ‚yes to the headscarf' when my mom has been told ‚no to your headscarf' in several institutions. We circle back to the debate that happened right after Kim's Met Gala look last year. Don't use this to legitimize our beliefs and trends won't invalidate the traumatic experience, as a community it's been heavy."*[24]
> (Osama Chabbi, Tweet)

Frankreich, das Land, das als erstes europaweit das Kopftuchverbot in öffentlichen Räumen einführte, hat mit der islamfeindlichen Politik enormen Schaden bei muslimischen Frauen angerichtet. Immer mit dem vorgeschobenen Argument, es gelte, die Musliminnen zu befreien, ganz nach dem Motto: *Do not resist! You are being rescued.* Was die Musliminnen wollten, fiel komplett unter den Tisch. Sie wurden weder gefragt noch sonst in irgendeiner Form einbezogen. Ihnen wird ein Zweckfeminismus aufoktroyiert. Muslimische Frauen wissen allerdings selbst sehr gut, welche Rechte ihnen zustehen, nur dass ihnen diese von Staatsseite verwehrt werden. Und das inzwischen seit Jahrzehnten.

Eine Erklärung, *warum* Vogue France den Satz gelöscht und eine neue Caption eingestellt hat, sucht man vergeblich. Das ist eine verpasste Chance, einen Fehler offen einzugestehen und einen Lernprozess zu ermöglichen. Nämlich darüber, wie deutlich die

Caption eine gewisse Doppelmoral zeigt: Frankreich ist das erste europäische Land, das das Kopftuchverbot für Schülerinnen und Lehrerinnen eingeführt hat. Es ist auch das Land, in dem verschiedene Gemeinden quasi ein Schwimmverbot für sichtbare Musliminnen ausgesprochen haben, nämlich in Form eines Burkiniverbots. Musliminnen, die mit einem langen Schwimmanzug baden wollen, wird dies verwehrt. Man nimmt damit diesen Frauen das Recht, so zu baden, wie es ihnen gefällt.

> *„2021 and women cannot go to school, get a job, go to the beach, or accompany their children on field trips if they go against what they are ordered to wear and will end up getting fined &/or arrested. No, I'm not talking about Afghanistan, I'm talking about France."*[25]
> (bintjalisco, Tweet)

Bedecken sich Menschen aus modischen Gründen, ist es trendy. Ein Accessoire wird akzeptiert, im Gegensatz zum religiösen Kleidungsstück. Modern, wenn es die einen machen, aber rückschrittlich, wenn es die anderen tragen?

Diese Doppelmoral begegnet uns in vielen Bereichen. Ein aktuelles Thema seit dem Ukrainekrieg ist einmal mehr die offensichtlich ungleiche Behandlung von einerseits ukrainischen Flüchtlingen und andererseits aus der Ukraine geflüchteten Schwarzen, People of Colour sowie Geflüchteten aus Afghanistan, Syrien, Irak und weiteren Ländern.

Der Arbeitsmarkt Europas ist seit Jahrzehnten für Asylwerber:innen nicht zugänglich. Obwohl Studien belegen, wie gut manche von ihnen ausgebildet sind. Doch die Öffnung wurde erst für Geflüchtete aus der Ukraine vollzogen. Generell war auf einmal viel Veränderung möglich.

Zum Beispiel die Studienbeitragsbefreiung für ukrainische Studierende (in Österreich), das Bildungsministerium hat ihnen die Gebühren erlassen.

Geflüchtete Ukrainer:innen konnten in den ersten Monaten nach Ausbruch des Krieges rasch und unbürokratisch in Deutschland und Österreich kostenlos mit öffentlichen Verkehrsmitteln fahren. Der ukrainische Pass oder Personalausweis war genug für eine Fahrberechtigung.

Die EU-Kommission hat eine Empfehlung abgegeben, dass Geflüchteten aus der Ukraine der Führerschein europaweit anerkannt wird und dieser damit gültig ist. Es ist also nicht nötig, wie für Geflüchtete aus anderen Ländern, eine zusätzliche Fahrprüfung abzulegen oder den Führerschein anerkennen zu lassen.

Die Österreichische Gesundheitskasse hat ukrainischen Flüchtlingen Krankenversicherung gewährt. Das umfasst: *„Anspruch auf ärztliche Hilfe, Heilmittel und Heilbehelfe auf Kosten der ÖGK".* Auf der Homepage der Österreichischen Gesundheitskasse[26] finden sich viele weitere Informationen dazu. Jedes Mal erfolgt die explizite Erwähnung, dass es sich bei den Flüchtlingen um *ukrainische* handelt. Nicht, dass noch jemand auf die Idee käme, dieses Entgegenkommen gälte für alle Hilfesuchenden!

Das österreichische Arbeitsmarktservice hat unkompliziert und übersichtlich auf seiner Homepage alle Informationen zusammengetragen, wenn man ein Unternehmen führt und ukrainische Arbeitskräfte einstellen möchte. Hierfür wurde extra der rechtliche Rahmen *„angepasst beziehungsweise erweitert"*, ist dort zu lesen. Sie erhalten einen vorübergehenden Arbeitstitel, dieser ist Voraussetzung für eine Arbeitserlaubnis in Österreich, Zugang zum Bildungssystem, zu Sozialleistungen und Wohnraum.

Auch in Deutschland wurden für ukrainische Flüchtlinge umgehend Änderungen vorgenommen: nach Registrierung stand ihnen automatisch und mit sofortiger Wirkung ein Aufenthaltstitel und damit eine Arbeitserlaubnis zu. Bundesarbeitsminister Hubertus Heil argumentierte das mit den Worten, dass sehr viele Menschen aus der Ukraine mit einer guten Ausbildung nach Deutschland flüchteten. Diese sollen nicht für „Hilfstätigkeit eingesetzt werden". Ja, wo kämen wir denn da hin? Wenn man Menschen für andere als ihrem Bildungsgrad entsprechende Tätigkeiten einsetzen würde? So ergeht es nämlich vielen anderen Flüchtlingen.

Eine weitere Ungleichheit stellt die Anerkennung von ukrainischen Schul- und Berufsabschlüssen dar. Nicht einmal deutsche Sprachkenntnisse sind auf einmal mehr erforderlich. Bei fehlenden Dokumenten soll man einfach praktische Fähigkeiten vorweisen.

Auf der Website der deutschen Bundesregierung ist folgender Satz zu lesen: „*Wie gelingt die Integration in den Arbeitsmarkt in Deutschland, wenn diese auch nur vorübergehend ist?*" Abertausende andere mühten sich ab, schlossen ihre Bildung ab, arbeiteten, zahlten Steuern, sprachen hervorragend Deutsch, um sich letztendlich anhören zu müssen, sie seien nicht genug integriert! Oder nach wie vor Gäste! In Anspielung auf die Generation der „Gastarbeiter:innen" der 60er und 70er Jahre in Deutschland und Österreich.

„Wir sind ein gewisser Schlag von Menschen
Haben unser ganzes Leben immer hart gekämpft
Wenig Kohle, doch macht mal weiter
Ich wiederhole: Gastarbeiter
Wir lieben Deutschland von Herzen wie verrückt
Doch leider liebt es uns nicht jedes Mal zurück
Wer sieht schon gerne seinen Nachbarn scheitern
Außer es handelt sich um Gastarbeiter."[27]

Diese ungleiche Behandlung schmerzt. Menschen, die in Deutschland geboren sind, deren Eltern hier geboren sind, deren Großeltern ebenso und deren Urgroßeltern kamen, um Deutschland wieder aufzubauen, müssen sich anhören, sie seien nicht genug integriert. Während Ukrainer:innen, die erst wenige Monate in diesem Land sind, Tür und Tor geöffnet wird. Hier zahle es sich aus, Müh' und Not in Kauf zu nehmen, selbst wenn „*Integration [...] auch nur vorübergehend ist*".

Viele Marginalisierte teilen diese Wut, diesen Schmerz; sie fragen sich, was wäre, wenn ihren Eltern der Arbeitsmarkt zugänglich gewesen wäre. Was, wenn die Ausbildung der Eltern Anerkennung gefunden hätte? Der Autor und Afghanistan-Experte Emran Feroz schreibt über seine Mutter, die vor dreißig Jahren nach Österreich flüchtete, mit einem Abschluss in Wirtschaftswissenschaften in der Tasche, dass bis heute ihr Studienabschluss, ihre Berufsqualifikation nicht anerkannt ist. Es blieb ihr als Hausfrau und Mutter, zumindest ihren Kindern Bildung weiterzugeben und zu ermöglichen. Die Geschichte von Feroz' Mutter ist bei Weitem kein Einzelfall. Viele teilen dieses Schicksal.

Natürlich bleibt die Frage, was wäre gewesen, wenn? Wie viel Leidensdruck, Depression, Ängste hätte das den Familien und deren Kindern genommen?

AUSDRUCK DER WUT

„I spent most of my childhood in and out of refugee camps and I'm thinking about how different my life would've been if all these nations had opened their borders to my family when we were fleeing political conflict in the early 90s. Instead, we lingered in refugee camps for 7 years."[28]
(Marius Kothor, Tweet)

„Kaum ist die Haut der Flüchtenden um 2 Nuancen heller, wird Nehammer zur Mutter Teresa."
(Robert Steiner 83, Tweet)

„Skin is a passport. Epidermal citizenship."
(Tao Leigh Goffe, Tweet)

„Wie genau soll ich einem vor sieben Jahren aus dem Irak Geflüchteten erklären, dass sein Termin bei der Ausländerbehörde für seine Aufenthaltsgenehmigung (ENDLICH!!!) jetzt leider noch warten muss - aufgrund - O-Ton der Beamtin - des hohen Fluchtaufkommens aus der Ukraine?"
(leezhar, Instagram)

„Kostenlose bahnfahrten, medizinsche versorgung, sofortiges bleiberecht ohne wenn und aber, schaffung von kita- und schulplätzen für die kinder: wir erleben gerade, wie es aussehen kann, wenn ein steinreiches land schutzsuchende aufnimmt - wenn es will."
(özge simözge, Tweet)

„Wir wissen, dass es uns in einer ähnlichen Notsituation in Deutschland gehen würde, wie den BIPoC an den ukrainischen Grenzen auf der Flucht."
(Mariam Ahmed, Facebook)

„Can't get it out of my head that Europe cried about a ‚migrant crisis' in 2015 against 1.4m refugees fleeing war in Syria and yet quickly absorbed some 2m Ukrainians within days, complete with flags and piano music. Europe never had a migrant crisis. It has a racism crisis."[29]
(Dr. Ayo Sogunro, Tweet)

„Eine Berliner Syrerin erzählt
Ich wurde aus meiner Unterkunft geschmissen.
Dort ziehen nun Ukrainer:innen ein.
Sie finden Ruhe, und so soll es sein.
Ich finde es, mit einem Wort, beschissen.

Was ist an ihnen, die wie wir sind, besser?
Raketen führten auch bei uns zum Tod.
Auch unsre Wunden bluteten blutrot.
Auch unsre Häute reißen unterm Messer.

Doch dies geschieht zur Zeit in vielen Städten,
Und unsre neuen Räume, sie sind schlecht.
Als ob es das nicht gäbe: Menschenrecht.
Als ob wir eine falsche Farbe hätten.

Man sagt, es gäb genügend gute Zimmer,
Und leicht zu bessern wäre unser Los.

Doch viele Hände liegen faul im Schoß.
So wird nun unser Leben wieder schlimmer.

Ich hatte Freund:innen dort, wo ich lebte,
In Syrien und dann auch in Berlin.
Nun leb ich wieder leer und einsam hin,
Und wieder ist's, als ob mein Boden bebte.

Wie nenn ich diesen bösen Mechanismus,
Der unter Flüchtenden zwei Klassen schafft?
Ich nenne ihn barbarisch, ekelhaft,
Zum Speien, pfui, mit einem Wort: Rassismus."
(Thomas Gsella)

Diese Gesellschaftsverhältnisse zeigen eine Doppelmoral: Menschen werden unterschiedlich behandelt. Eine Zweiklassengesellschaft, abhängig von der Hautfarbe, vom Pass, von der Religionszugehörigkeit. Differenzmerkmale, die den Unterschied machen, ob einem geholfen wird, auf offener See, ob man empfangen oder abgewiesen wird an den Grenzen Europas, ob man Unterstützung erfährt oder wie schnell man diese bekommt. Es ist ein schmerzhafter Prozess, das zu lesen, zu beobachten, geschweige denn zu erleben. Natürlich sollen Ukrainer:innen jede Hilfe erhalten. Es handelt sich ja nicht um ein Ausschlussprinzip: weil den einen geholfen wird, können andere keine Unterstützung mehr erfahren!

Wut macht sich breit. Wut auf ein System, das diskriminiert und benachteiligt. Die Syrerin, die Thomas Gsella zu Wort kommen lässt, erklärt, dass #StandwithUkraine sich eher wie #StandWithCertainRefugees anfühlt. Das zeigt die strukturelle Ebene des Asylsystems in Europa. Schwarze Menschen konnten die Ukraine nicht ohne Weiteres verlassen. Es mussten erst Botschafter:innen intervenieren. Flüchtende aus Syrien und Afghanistan sind in den EU-Grenzwäldern erfroren, darunter Babys.

Um ihnen einen würdevollen Abschied von diesem Leben zu ermöglichen, engagiert sich eine der ältesten muslimischen Gemeinschaft Europas - Polens Tatar:innen - und organisiert Beerdigungen. Tatar:innen sind vor allem im Osten Polens anzutreffen, seit über 600 Jahren, an der Grenze zu Belarus. Diese kleine Gemeinschaft (sie umfasst knapp 2000 Muslim:innen) arbeitet nach dem Leitsatz „Weil einfach jeder ein Mensch ist". Sie versorgen die Verstorbenen mit einer letzten Bleibe unter der Erde, aber auch die Lebenden - und zwar sowohl die Flüchtenden als auch jene, die die Grenze bewachen: mit Suppe. „Weil einfach jeder ein Mensch ist." So Maciej Szczęsnowicz, der Vorsteher der beiden tatarischen Dörfer Bohoniki und Kruszyniany.

Aber es gab keine Aussicht auf Aufnahme für sie. Sie waren Vertriebene aus Syrien, dem Jemen, Irak, Afghanistan. Polen nahm sie nicht auf. Im Gegenteil: Polen stationierte sage und schreibe 15.000 (!) Soldaten an der Grenze zu Belarus, um „Flüchtlinge abzuwehren". Aber als der Krieg in der Ukraine entbrannte, nahm dasselbe Land innerhalb weniger Tage (!) über 30.000 Hilfesuchende auf. Die Zahl stieg später auf über eine Million ukrainischer Flüchtender, die in Polen Schutz fanden. Davor hatte sich Polen jahrelang dagegen gewehrt, Flüchtlinge aufzunehmen, weil sie Muslim:innen sind. Polen verweigerte die Teilnahme am EU-Flüchtlingsverteilungsprogramm aus dem Jahr 2017 (ebenso wie die anderen Visegrád-Staaten Slowakei, Tschechien und Ungarn). Der damalige EU-Kommissar Dimitris Avramopoulos sah sich dazu genötigt, ein Vertragsverletzungsverfahren gegen diese EU-Länder einzuleiten. Es gab kein Einlenken. Jahre später öffneten eben diese Länder unverzüglich und ohne Bedenken ihre Grenzen für Flüchtende aus der Ukraine. Aber nicht für alle. Denn Schwarze hatten massive Probleme, in Sicherheit zu kommen. Wie Tiere seien sie behandelt worden, so die Kritik.[30]

Zig Medien, Regierungsvertreter:innen, Politiker:innen gaben das wieder, was offensichtlich war: Nicht allen steht das Menschenrecht auf Flucht und ein Leben in Sicherheit zu. Die NZZ titelte: *„Es sind dieses Mal echte Flüchtlinge".*[31] Florentina Cecilia korrigierte dies auf Twitter: *„Es sind dieses Mal weisse Flüchtlinge".*

Im US-amerikanischen TV-Sender CBS sagte der Journalist Charlie D'Agata vor laufender Kamera über die Ukraine:

> *"this isn't a place, with all due respect, like Iraq or Afghanistan, that has seen conflict raging for decades. [...] This is a relatively civilized, relatively European — I have to choose those words carefully, too — city, where you wouldn't expect that or hope that it's going to happen."*[32]

Als Reaktion darauf entstand der Hashtag „uncivilized". Menschen posteten ihre Perspektive, wie etwa die Bildungswissenschaftlerin Gülsüm Namaldi:

> *„Warum ich HIER (in Ö) bin? Wegen eines Krieges in Europa (stell dir vor!) DIE ZIVILISIERTEN hatten nämlich wieder mal (!) Krieg geführt und alles zerstört, dass ‚Unzivilisierte', wie mein Opa, kommen und beim Wiederaufbau mit anpacken mussten. Er kam, packte mit an und blieb... Und tja...da bin ich also nach 60 Jahren...Mag.a Uncivilized."*
> (Gülsüm Namaldi, Instagram)

Namaldi gehört zu jener Generation, die eine klare Ausrichtung hat. Ein Wissen um das System, in dem sie lebt. Marginalisierte werden als Wütende markiert, darin festgehalten, als Reaktion darauf zeigen sie sich freundlich, nicht bedrohlich. Sollen nicht wütend sein, sondern freundlich wirken. Dabei hätten die meisten ein Anrecht darauf.

Aussagen wie jene D'Agatas triefen von rassistischem Denken, einer eurozentristischen Grundhaltung, derzufolge Europa und „der Westen" der Nabel der Welt sind.

Der französische Philosoph Jacques Derrida hat in seinem berühmten Aufsatz *„Das andere Kap"* über Europas Identität reflektiert. Kap steht hier symbolisch für einen Bestimmungsort, eine wichtige Markierung, Luft- und Seeschifffahrt nehmen Kurs auf ein Kap, zu Schiff ist die Person, die den Kurs bestimmt, *Kap*itän:in. Derrida dekonstruiert mit seinen philosophischen Ansätzen Europa, das vermeintliche Zentrum. Sich selbst bezeichnet er als Randgänger, geboren 1930 in El-Biar, Algerien, damals unter französischer Kolonialherrschaft. Der Ort, in dem Derrida bis zu seinem

19. Lebensjahr verweilte, war berüchtigt für ein Foltergefängnis der französischen Armee. Derrida durfte als Sohn jüdischer Eltern die Schule nicht besuchen, da die Quote der jüdischen Schüler:innen von 14 % auf 7 % gesenkt wurde. Die erlebte Diskriminierung und trotzdem gefühlte Zugehörigkeit zum Französisch-Sein verschaffte ihm einen kritischen Blick auf Machtverhältnisse, Zugehörigkeiten und scheinbare fixe Gegebenheiten wie „Europa als das Zentrum" und den Impuls, all das zu dekonstruieren. Der Blick von außen lässt Fehlentwicklungen klarer erscheinen, so halten Krisen unserer Gesellschaft einen Vergrößerungsspiegel vor.

Dieser offenbart eine Doppelmoral. In Zeiten dieser massiven Ungerechtigkeit und Heuchelei ist Wut mehr als angebracht. Wut zeigt an, wenn eine Grenze verletzt wurde. All diese rassistischen Mechanismen verletzen vielfach Grenzen. Individuell und kollektiv.

„Demokratie lebt davon, dass jeder seine Stimme so einbringen kann, dass wir in einem Antwortverhältnis zur Welt stehen, die wir verändern können und die uns verändert. […] Insbesondere Wutbürger vergessen, dass es nicht nur darum geht, sich selbst Gehör zu verschaffen, sondern im Resonanzprozess auch anderen zuzuhören und sich von ihren Argumenten berühren zu lassen."

(Hartmut Rosa)

WUT – HASS – SCHMERZ

Was tun mit der Wut, die jegliche Fakten verdreht, sofern die überhaupt vorhanden sind? Was bedeutet Wut individuell und was gesellschaftlich? Lässt sich das Recht auf Wut gesellschaftlich eingrenzen? Inwiefern haben „Wutbürger:innen" ein Recht darauf, wütend zu sein, wenn ihre Gründe nicht den Fakten entsprechen?

Es scheint, als gäbe es je nach gesellschaftlicher Gruppe unterschiedliche Berechtigungen – wer hat mehr Anrecht darauf, wütend zu sein und Wut in der Öffentlichkeit zu zeigen? Ist Wut somit ein Privileg? Wer darf dann seiner Emotion freien Lauf lassen? Was würde sich ändern, wenn dies viel mehr Menschen täten?

DIE WUTBÜRGER:INNEN: NEUER BEGRIFF, ALTES PHÄNOMEN

Das Wort „Wutbürger" ist eine durch den SPIEGEL-Journalisten Dirk Kurbjuweit geprägte, (relativ) rezente Bezeichnung für ein altes Phänomen: Menschen protestieren und bringen ihre Empörung, ihre Wut und ihre Frustration über politische Entscheidungen zum Ausdruck, indem sie auf die Straße gehen und seit etwa zwanzig Jahren nun auch im Netz ihre Gedanken verlautbaren und Emotionen freien Lauf lassen. Im Jahr 2010 wurde die Wortkreation „Wutbürger“ zum „Wort des Jahres“ gekürt und ebenso offiziell in den Duden aufgenommen. Kurbjuweit erklärt, was unter der Bezeichnung des Protestierenden zu verstehen ist: *„Der Wutbürger buht, schreit, hasst. Er ist konservativ, wohlhabend und nicht mehr jung. Früher war er staatstragend, jetzt ist er zutiefst empört über die Politiker."*[33] Hochemotional zeigt sich der:die Wutbürger:in - die Bezeichnung ist ja von einer Emotion geprägt. Wutbürger:innen stellen sich also gegen die politische Ordnung. Rechtspopulistische Meinungen sind unter ihnen sehr populär. Das Selbstbild dieser Bürger:innen ist *„Wir sind das Volk"*, sie glauben demnach, die Sichtweise der Vielen zu vertreten und bringen quasi ihre Sorgen über die vielen Veränderungen aufgrund der gesellschaftlichen Umbrüche, der Flüchtlinge, „des Islams“, der Politik, Wirtschaft und Corona-Pandemie zum Ausdruck. Der Namen Pegida ist Programm, die klare Positionierung gegen die vermeintliche Bedrohung durch „den Islam“: *„Patriotische Europäer gegen die Islamisierung des Abendlandes" (PEGIDA).*

Auf der Online-Plattform wutbuerger.at ist in der Selbstdarstellung zu lesen, dass sie sich ihres Rechts auf freie Meinungsäußerung bedienen, das ihnen gemäß der UN-Menschenrechtserklärung zusteht, dass sie Themen ansprechen und sozusagen ans Tageslicht bringen wollen, die aufgrund *„der politischen Korrektheit über die Parteigrenzen hinweg schamhaft bedeckt werden".* Es wird verdeutlicht, dass das Interesse der Gesellschaft, der Bürger:innen im Fokus steht, um konstruktive Lösungen zu erarbeiten. Betont werden auch die Gefühlszustände wie Ärger, Enttäuschung, Schmerz. In ihrer Selbstdefinition scheinen Emotionen eine große Rolle zu spielen. So ist zu lesen: „[Wutbuerger.at] *lädt Sie ein, unter Beachtung der Sachlichkeit Ihrem Ärger, Ihrer Enttäuschung oder zumindest Ihrer Verwunderung über politische Entwicklungen und Entscheidungen Ausdruck zu geben."* Wut und Ärger nehmen einen prominenten Platz ein, es wird suggeriert, dass diese berechtigt seien, man solle der *„Sachlichkeit"* auf den Grund gehen und dies verkünden. Dabei bedient sich diese Bewegung demokratiefeindlicher, rassistischer und rechtspopulistischer Sujets, um Ordnung in ihre unsichere Welt zu bringen.[34] Vereinfachung erzeugt ein Gefühl von Kontrolle und Sicherheit. Das führt zu einer gewissen Radikalisierung ihrer Ansichten. Wobei die Forscherin Susanne Rippl hier eine neue Blickrichtung vorschlägt und dieser Tendenz den Begriff der Enthemmung entgegensetzt: Es gab bereits davor einen gewissen Bodensatz autoritärer, *fremdenfeindlicher* und rassistischer Einstellungen, die bei Pegida-Anhänger:innen, Corona-Leugner:innen, Wutbürger:innen beobachtbar waren. Rippl verwendet an mehreren Stellen den Ausdruck *fremdenfeindlich,* der nur bedingt Sinn ergibt.

Erlauben Sie mir hier einen kleinen Exkurs dazu.

Wenn Übergriffe, Ausgrenzung und Diskriminierung als „Fremdenfeindlichkeit" bezeichnet werden, dann werden Betroffene am Rand der Gesellschaft verortet. Sie werden durch diesen Prozess erst als „fremd" markiert. Wie die österreichische Philosophin Mona Singer[35] treffend schreibt: *„Fremde kennt man nicht, Fremde erkennt man."* Sie werden „erkennbar" gemacht. „Fremd" gemacht. Nicht der weiße Erasmus-Student aus - zum Beispiel - Dänemark erfährt Ausgrenzung, sondern der Schwarze Student, der hier lebt. Er ist es, der als „fremd" bezeichnet wird. Er lebt hier und ist nicht nur für ein Semester hier. Und trotzdem werden Übergriffe auf ihn als *fremdenfeindlich* gewertet.

Oder wenn die Dame an der Kasse, die Lehrerin, die Mama in der U-Bahn oder die Schülerin diskriminiert werden, weil sie mit ihrem Tuch als Musliminnen erkennbar sind, so ist auch das keine *fremdenfeindliche* Tat, da diese Frauen hier nicht *fremd* oder auf Urlaub, sondern beheimatet sind! Genauso wie der Turban tragende Mann, der zur Sikh-Community gehört. Und zu Wien. Und trotzdem wird bei ihm in Diskriminierungsfällen von *Fremdenfeindlichkeit* gesprochen. Das ist nicht *Fremdenfeindlichkeit.* Das ist schlichtweg Rassismus!

Parteien wie AfD, FPÖ usw. fungier(t)en als Ventil für „die Abgehängten", wie ihre Erfolge belegen. In Österreich hat man es immerhin geschafft, auf dem Rücken Marginalisierter einen Wahlkampf zu führen, der die FPÖ in die Regierung brachte. Menschenfeindliche Einstellungen wurden geschürt und instrumentalisiert. Hier wird ein kollektives Gedächtnis des kulturellen Erbes rassistischer Grundhaltungen angezapft. Es würde zu kurz greifen, davon auszugehen, Wutbürger:innen würden lediglich Missstände kritisieren. Ihr Protest basiert auf einem rechtsextremen Weltbild, das sich auch in Taten äußert. Die Gewalt hat in Dresden im Jahr 2015 so stark zugenommen, dass Michael Nattke, Fachreferent im Kulturbüro Sachsen erzählt, die Mitarbeiter:innen des Kulturbüros wären an jedem Montag überrascht, *„an dem es nicht zu einer krassen Gewalttat kommt[36]"*.

2019 hat der Stadtrat Dresden ein Maßnahmenpaket gegen Rechts unter dem Titel *„Nazinotstand? - Grundsatzerklärung zum gemeinsamen Handeln gegen antidemokratische, menschenfeindliche und extrem rechte Entwicklungen in der Dresdner Stadtgesellschaft - Stärkung der Zivilgesellschaft"* beschlossen. Eine schwache Zivilgesellschaft erleichtert es rechten Bewegungen, Fuß zu fassen. Wenn nicht dagegengehalten wird, wenn nicht widersprochen wird, vermittelt das den Eindruck, man habe Recht mit dem Ausdruck der entfesselten Wut. So eine Grundsatzerklärung zeigt auf, wie ernst die Lage ist. 2019 war ein Zeitpunkt, wo die Pegida-Proteste bereits jahrelang liefen. Pegida hatte enormen Zulauf.

Mit der Corona-Pandemie entwickelte es sich zu einer Bewegung der Querdenker:innen. Auch hier ist Wut eine treibende Kraft: Wut gegen die Corona-Maßnahmen der Regierung aufgrund der Ausbreitung des Covid-19-Virus, Wut auf die „Elite". Sie organisieren sich über Social Media, verbreiten Fake News und schüren Hass und Wut. Viel Frust hat sich angesammelt, und das verkünden sie lautstark. Wenn auch teilweise mit viel Paradoxie: So musste wegen eines Protestzugs von Pegida, den selbsternannten Retter:innen des „Abendlandes", bereits einmal der traditionelle Kinder-Laternenumzug zum Martinstag in Fürth aus Sicherheitsgründen umgeleitet werden. So wird das nichts mit der Rettung des „Abendlandes".

ÜBER DIE DOPPELMORAL DER WUTBÜRGER:INNEN

Fast drei Jahre lang war die Corona-Pandemie global im Gange und hat einiges lahmgelegt sowie verdreht: unsere gewohnten Bahnen des Arbeitens, Kommunizierens und des Lebens insgesamt. Jeder Bereich ist betroffen.

Um dies in den Griff zu bekommen, wurden - allseits bekannt - einige Covid-Maßnahmen in die Wege geleitet, wie das regelmäßige Testen, die Impfung und Booster gegen das Virus sowie die Verpflichtung, in geschlossenen und öffentlichen Räumen Masken zu tragen - sowohl zum Selbstschutz als auch zum Schutz der anderen.

Aber genau gegen diese Schutzmaßnahmen gingen weltweit Menschen aus Protest auf die Straßen. „Querdenker" nennen sie sich. In regelmäßigen Abständen wurde laut und vehement protestiert, um den Unmut zu verkünden. Eines sticht mir hierbei ins Auge: Viele Protestierende hielten Schilder mit dem Schriftzug *„Mein Körper, meine Entscheidung!"* hoch. Sie riefen in Sprechchören *„Mein Körper gehört mir!"*

Diese Sprüche kenne ich von Demonstrationen, wenn Musliminnen ihre Rechte der Selbstbestimmung - nämlich sich so zu kleiden, wie es *ihnen* gefällt (und nicht nach Vorgaben von irgendeinem Mann oder Gesetz oder Staat) - und der Religionsfreiheit einfordern, ihr Menschenrecht, ihre religiöse Identität zu leben und zu praktizieren.

Mir drängt sich die Frage auf, ob jene, die ein Kopftuchverbot befürworten und Musliminnen verbieten wollen, über ihren Körper zu bestimmen, dieselben sind, die bei den Corona-Demonstrationen *„Mein Körper gehört mir!"* skandieren.

„Ja, weil sie meinen zwar, dass ihr Körper ihnen gehört, aber dein Körper nicht dir", kommentiert eine Userin meine Frage auf Social Media. Wie paradox, die Argumentation der Demonstrant:innen. Für sie zählen *ihr* Körper und *ihr* Recht auf freie Entscheidung, während sie dieses Recht anderen nicht zugestehen wollen. Denn genauso wettern sie auch gegen das Recht auf Abtreibung.

Das bringen Krisen nun einmal mit sich. Sie werden zum Vergrößerungsglas, die Lupe zeigt wirre Verhältnisse klarer auf. Sie offenbart eine gewisse Heuchelei.

Das Paradoxe ist: Jene, die ansonsten gegen körperliche Selbstbestimmung sind, pochen nun auf das Recht, über ihren eigenen Körper entscheiden zu dürfen. Das entspricht einer gewissen Doppelmoral, wie in Texas beispielsweise: Dort ist ein straffreier Schwangerschaftsabbruch nicht möglich. Vor einem Regierungsgebäude protestiert eine Frau gegen die Corona-Maßnahmen mit einem Plakat, auf dem folgender Spruch zu lesen ist: *„My body, my choice, Trump 2020".* An dem Ort, wo Frauen nicht über ihren Körper bestimmen dürfen, wird dieses Recht eingefordert?

Während Frauen seit Jahren auf ihre Rechte pochen, vereinnahmen nun Corona-Maßnahmengegner:innen die Sprüche der Frauenbewegungen für sich. Universitätsprofessor Nathan Stormer, der zu Rhetorik forscht, weist darauf hin, dass Coronaleugner:innen genau wissen, was sie tun, wenn sie die Slogans der feministischen Bewegungen übernehmen.

Der Spruch *„Mein Körper, meine Entscheidung"* wird als rhetorische Waffe eingesetzt.

Das deutsche Bundesamt für Verfassungsschutz sowie der österreichische Staatsschutz warnen vor ihnen: Sie seien radikal und schrecken nicht vor Gewalt und Morddrohungen zurück.

In Rheinland-Pfalz wurde der Mitarbeiter einer Tankstelle erschossen, weil er den Kunden beim Bezahlen bat, seine Maske zu tragen.

In Braunau, Oberösterreich wurde nach einem Demonstrationszug einer Krankenpflegerin heißer Kaffee ins Gesicht geschüttet – aus Wut auf die Corona-Maßnahmen.

In Kanada werden aus Protest ganze Verkehrswege lahmgelegt und Straßen blockiert, ebenso in vielen europäischen Innenstädten.

Die Beteiligung von Rechtsextremist:innen und Reichsbürger:innen an Demonstrationszügen ist offensichtlich hoch. Der Verfassungsschutzpräsident von Niedersachsen Dirk Pejril bezeichnete die *„Entgrenzung und Vermischung von Rechtsextremisten und ‚Reichsbürgern' mit den Corona-Leugnern"*[37] als eine große Gefahr. Die Coronaleugner:innen gelten als eine Kraft, die es zu beobachten gilt.

Coronaleugner:innen lamentieren, sie würden in einer Diktatur leben, und verhöhnen damit Menschen, die in einer tatsächlichen Diktatur leben müssen. Das Argument ist, man dürfe nichts mehr sagen... das schreien sie ins Mikrofon, am Hauptplatz, unter Polizeischutz.

Wenn Menschen vor Krieg oder aus einer tatsächlichen Diktatur flüchten wollen, sollen sie bleiben und *„für ihr Land kämpfen".* Sind diese Menschen allerdings mit den Schutzmaßnahmen gegen Corona konfrontiert, ist Auswanderung sofort eine Option. So flüchteten hunderte Deutsche vor der Impfpflicht nach Paraguay.

DIE ABGEHÄNGTEN

Angst und Hass sind starke Emotionen, die in dieser Gruppe zu finden sind. Der deutsche Soziologe Heinz Bude plädiert dafür, über Wutbürger:innen oder sogenannte besorgte Bürger:innen primär als Hassbürger:innen zu sprechen. Hass ist eine heftige Emotion. Rechte spalten mit ihrer Polemik, ihren Gewalttaten und treiben einen Keil in die Gesellschaft. Das schlägt sich auch in der Politik und der Legislative nieder.

Ihr Hass, ihre Wut ist eine, die sich aus Verlustängsten speist. Sie fühlen sich entweder als die Abgehängten, als die Verlierer:innen eines Systems, das andere bevorzugt, oder aber sie haben Angst, möglicherweise ihre Privilegien zu verlieren. Allein die Debatte über eine Umverteilung von Ressourcen löst Verlustängste aus. Da ist es viel leichter, diese starken Gefühle nach außen zu projizieren und jemand anderen (oder ganze Gruppen) zu hassen. Durch diese Form fühlt man sich weiterhin handlungsfähig, ermächtigt und nicht ohnmächtig. Man selbst sieht sich hierbei nicht im Unrecht. Im Gegenteil sieht man die sogenannten „Gutmenschen" als jene, die Schaden anrichten.

Und die Politik mit den Verlustängsten fruchtet. Die „Besorgten“ werden von der FPÖ abgeholt, wie folgender Dialog belegt:

„Habe ich auch FPÖ gewählt", sagt Frau L.

„Warum?"

„Weil zu viele Ausländer!"

„Aber geht es Ihnen schlechter, Frau L.? Nehmen Sie die Fremden wahr? Sehen Sie sie im Alltag? Spüren Sie eine Veränderung?"

Sie überlegt lange. „Nein, nicht im Alltag. Aber sie kommen und sind bereit, jeden Job zu machen. Für wenig Geld. Ich habe Angst, meine Arbeit zu verlieren."

„Hat denn jemand in Ihrem Umfeld den Job wegen der Ausländer verloren?"

Wieder überlegt sie. „Nein. Aber trotzdem. Das ist eine Gefahr."[38]

„Angst ist Furcht, die nach einem Grund sucht."

(Giovanni Frazzetto)

EMOTION ANGST

Wenn wir die Gesellschaft emotional kartografieren würden, welche Gefühlsmuster wären vorherrschend? Welche Form der Politik ließe sich ausmachen? Ist sie geleitet von Zuversicht und Hoffnung, oder von Hass und Polarisierung? Ist die kulturelle Atmosphäre eine offene oder eine verschlossene? Und aus wessen Perspektive beurteilen wir das? Wer hat die Macht, dies einzuzeichnen? Wessen Landkarte wäre die gültige? Wessen Stimme zählt? Viele Fragen, die mich umtreiben.

Wir sind gebeutelt von einer Corona-Krise, einer Klimakrise, die sich verschlimmert, Teuerungen, die uns (fast) alle teuer zu stehen kommen – auch wegen der Superreichen[39], die von Krisen profitieren, statt Einbußen zu erfahren. Die Ungleichheit hat sich verschärft: Der Soziologe Richard Sennett flog mit dem Hubschrauber über verschiedene Länder und Regionen dieser Erde, über Megastädte wie Kairo, Caracas und São Paulo, um genau dieses traurige Faktum einzufangen: Menschen, die voneinander getrennt sind, nicht in den Austausch kommen. Die Grenze verläuft zumeist entlang der Einkommenskluft. Rechts der Straße die teuren Villen, links die Slums. Mehrspurige Stadtautobahnen, die Hütten von *gated communities* trennen. Häuser mit Pools auf der einen Seite, dürftige Unterkünfte mit Wasserknappheit auf der anderen. Getrennt durch Mauern, Wände, Zäune. Sennetts Fazit: Die Bevölkerung der

Städte wird zwar gemischter im Sinne von diverser, aber weniger durchmischt aufgrund der ökonomischen Ungleichheit, die global größer wird.

> *„Im Klischee spricht man von Städten als komplexen sozialen Organismen, aber die Komplexität ist inaktiv, wenn die Unterschiede und Ungleichheiten nicht interagieren."*[40]
> (Richard Sennett)

Die Ungleichheit hat sich verstärkt: So konnten Superreiche laut Oxfam ihr Vermögen während der Pandemie verdoppeln. Die Schere geht weiter auseinander - während die Superreichen immer mehr an Sicherheiten gewinnen, verhält es sich für die „Normalsterblichen" umgekehrt. In der Umfrage des Linzer Market Forschungsinstituts zeigt sich, dass eine der großen Sorgen der Befragten die Spaltung zwischen Arm und Reich und damit die Ungleichheit ist.[41]

Der „Think Tank for political participation" dpart hat eine Studie zu Emotionen und Politik vorgelegt, aus der hervorgeht, dass EU-Bürger:innen Ängste und Sorgen in Bezug auf die EU-Politik haben. Konkret haben Menschen Angst um ihre Arbeitsplätze oder vor dem Verlust nationaler Identitäten.

Vor allem bei AfD-Anhänger:innen ließ sich eine übersteigerte Angst feststellen, beziehungsweise eine diffusere Form dieser Emotion. Andere, die beispielsweise tendenziell Linksparteien wählen, haben der Studie zufolge hingegen sehr spezifische Ängste. Ängste werden von bestimmten Parteien auch geschürt und instrumentalisiert. Hier wird die Ur-Emotion Angst zu einem politischen Tool und Werkzeug der Macht. Vor allem populistische Parteien setzen auf eine Politik der Angst und Ausgrenzung.

Angst ist prinzipiell eine natürliche Reaktion des Menschen auf Gefahr und Bedrohung. Sie bewahrt uns vor Leid und Schmerz oder versucht das zumindest. Durch die Angst werden wir vorsichtiger und misstrauischer, sie animiert uns dazu, uns entweder zu verteidigen oder zu flüchten, die aus der Verhaltenspsychologie bekannte „flight-or-fight"-Reaktion. Das vegetative Nervensystem springt an, Adrenalin wird ausgeschüttet, unser Herz beginnt zu rasen, der Blutdruck steigt. Angst gehört zum Leben dazu und hat uns evolutionsbiologisch das Überleben gesichert.[42]

Allerdings gilt es, zwischen Realangst und Existenzangst zu unterscheiden. Realangst ist gegeben, wenn wir mit einer Notsituation, Krieg, Umweltkatastrophe, Trennung oder Hunger konfrontiert sind. Existenzangst stellt sich ein, wenn wir das Gefühl haben, dass wir uns verlieren, dass unsere „Werte" uns entgleiten, auch die Angst vor dem Verlust unserer Freiheit gehört dazu. Hier wird deutlich, wie eine Emotion neben der körperlichen und seelischen Komponente auch eine soziale umfassen kann. Denn je nach Deutung, je nach Umfeld, je nach Politik, je nach Gesellschaft, kann diese Existenzangst verstärkt werden.

Bereits vor mehr als einem Jahrzehnt hat der französische Politologe Dominique Moïsi mit seinem Buch *„Kampf der Emotionen: Wie Kulturen der Angst, Demütigung und Hoffnung die Weltpolitik bestimmen"*[43] einen Versuch vorgelegt, die Welt emotional zu kartografieren.

In seiner Analyse verortet er je nach Kontinent verschiedene jeweils dominante Emotionen: Er zeichnet eine Geografie der Emotionen. So wie beim Körper beispielsweise Ekel in einer Region vornehmlich lokalisiert ist, nämlich vor allem rund um den Mund, so lässt sich jeder geografischen Region jeweils eine bestimmte Emotion zuordnen. Die grundlegende in Europa vorherrschende Emotion sei die Angst, so Moïsi in seinen Untersuchungen. Dies zeige sich an der Sicherheitspolitik seit 9/11. Während man früher ohne Probleme Flüssigkeiten im Flugzeug transportieren konnte, ist es inzwischen verboten, Flüssigkeiten über 150 ml im Handgepäck mitzunehmen. Das wird unter dem Sicherheitsaspekt verhandelt und kommuniziert. Europa nährt sich von einem gewissen Bedrohungsszenario, einer Emotion, die vorherrschend ist.

Jacques Derrida bezeichnet Hoffnung, Furcht und Zittern als eine Atmosphäre, die in Europa wahrnehmbar seien, erkennbar am Ansteigen des Rassismus, des Antisemitismus, des religiösen sowie nationalistischen Fanatismus.

Als Public Speakerin bin ich im Laufe der Jahre mit vielen Menschen zusammengekommen. Ich erinnere mich an eine Dame, die sich kurz nach meinem Vortrag meldete und sich beschwerte, sie könne, seitdem Geflüchtete neben ihrer Arbeitsstelle untergebracht wurden, nicht mehr bis in den Abend hinein arbeiten. Sie lebe in Angst. Sie verlasse überpünktlich ihren Arbeitsplatz, um noch bei Tageslicht zu ihrem Auto und damit nach Hause zu kommen. Man wisse ja nicht, wozu *diese Männer,* die ja einer *anderen Kultur* angehörten, fähig seien. Sie wollte meine Meinung dazu hören. Ich machte das, was ich oft in solchen Situationen tue. Ich fragte nach. Ob ihr denn etwas zugestoßen sei, einer Bekannten oder sonst wem? Nein, sie verneinte klar und erleichtert. Aber man würde überall darüber lesen. Zusammengefasst, es wurde klar, dass sie eine Emotion übernommen hatte, die sie vorher nicht gehabt hatte. Ängste werden politisch sowie auf Social Media gezielt geschürt. Aus medialen Berichten wird durch stete Wiederholung gefühlte Wahrheit. Als hätte sie bereits Schlimmes erlebt. Außerdem: Gefühle finden nicht nur im Kopf statt, sie rufen auch Reaktionen im restlichen Körper hervor. So war ihr Arbeitsweg beziehungsweise ihre Wahrnehmung dessen von Angst erfüllt. Dieses Beispiel steht allerdings nicht isoliert für sich, sondern entspricht einer Atmosphäre, wie gezielt Stimmung gegen Menschen, die als *fremd* markiert werden, gemacht wird.

POLITIK DER ANGST

> *„Politik machen: den Leuten so viel Angst einjagen, dass ihnen jede Lösung recht ist."*
> (Wolfram Weidner)

„Wer hat Angst vorm Schwarzen Mann?" heißt ein altes deutsch-österreichisches Kinderspiel. Bei dem Fangspiel symbolisiert die fangende Person *den Schwarzen Mann,* vor dem alle Angst haben und davonlaufen sollen. Das Spiel ist rassistisch. Es macht von Kindesbeinen an klar, vor wem man Angst haben soll. Nicht gerade vertrauenerweckend. Auch in meiner Schule wurde das oft gespielt.

Ich erinnere mich gut, als ich als Kind eine Freundin besuchte. Sie hatte einen großen Garten, in dem wir spielten. Es waren auch einige Erwachsene da, es gab Saft und Knabbereien. Vielleicht war es auch ein kleines Fest? Jedenfalls kamen nach kurzer Zeit neue Gäste. Sie grüßten uns Kinder. Wir erwiderten den Gruß. Allerdings weigerte sich meine Freundin, einen bestimmten Mann zu grüßen und kreischte auf: „Iiiihhhh, dir gebe ich sicher nicht die Hand. Ich will nicht schwarz werden!" Bis heute kann ich den Gesichtsausdruck des Mannes nicht vergessen. Er lächelte schwach. Ich konnte die Mimik nicht deuten als Kind. Ich merkte nur, seine Reaktion stimmte nicht mit dem überein, was ihm gerade widerfahren war. Was mich auch wunderte war, dass keiner der Erwachsenen etwas sagte. So viel Respektlosigkeit hätten mir meine Eltern nicht durchgehen lassen. Ich streckte demonstrativ meine Hand aus, um ihn zu grüßen. Er erwiderte meinen Gruß. Kurz darauf ging er. Warum hatte meine Freundin das gesagt? Hatte es mit dem Spiel zu tun? Eigentlich war sie ja klug. Sie musste doch wissen, dass von seiner Haut keine Farbe abging. So viele Fragen. Noch mehr Emotionen.

Ich erinnere an das altösterreichische Kinderbuch *Hatschi Bratschis Luftballon* aus dem Jahr 1904 von Franz Karl Ginzkey, das voll von antimuslimischen und anti-Schwarzen Karikaturen und Inhalten ist. Das Buch gilt als österreichischer Klassiker und wurde Generationen von Kindern vorgelesen. Der Schriftsteller Ginzkey gehörte dem „NS-Kampfbund für Deutsche Kultur" an und war politisch in der Zeit des Nationalsozialismus aktiv. Der Text der Niederösterreichischen Landeshymne *O Heimat, dich zu lieben* stammt von ihm. Ich bin in Niederösterreich in die Schule gegangen. Mir war beim Singen nie bewusst, dass ich Worte von jemandem sang, der ein überzeugtes NSDAP-Mitglied war. Es gilt noch viel aufzuarbeiten.

Sein Buch *Hatschi Bratschis Luftballon* bedient sich klar einer kolonialen, antimuslimischen, anti-Schwarzen sowie degradierenden (Bild-)Sprache. Bei solchen Erzählungen wird eine Unterteilung in „wir" und „die Anderen" vorgenommen.

Diese Narrative werden oft schon sehr früh angelegt, in Kinderbüchern oder auch Schulbüchern. Die immer wiederkehrenden Erzählungen – Märchen, Sagen, Überlieferungen, Lieder – bilden das Fundament einer kulturellen Identität. Diese Erzählungen dienen im Wesentlichen dazu, ein kollektives Gedächtnis zu formen. Wenn man darüber nachdenkt, was das Wir eigentlich ausmacht, merkt man, dass nationale Erzählungen oft über die Abgrenzung oder das Ausschließen des Anderen funktionieren. In diesem Kontext können Rassismen sehr tief greifen und wirkmächtig werden. Das machen verschiedene populistische Parteien sehr geschickt, indem sie sich antitürkischer, antimuslimischer sowie anti-Schwarzer Klischees bedienen. Sie agieren als Brandstifter:innen und beziehen sich auf Denkmuster, die schon von klein auf gelernt werden und seit Generationen angelegt sind. So hat die FPÖ in diversen Wahlen eine ganze Reihe von islamfeindlichen Plakaten eingesetzt. Slogans wie *„Fremd im eigenen Haus. Gemeindewohnungen zuerst für Grazer!"* über einem Bild, auf dem ein Dutzend muslimisch-arabische Menschen durch eine Tür spazieren, oder *„Daham statt Islam"* bei der Nationalratswahl 2006, oder auch der Slogan *„WIR schützen freie Frauen. Die SPÖ den Kopftuchzwang. UNS geht's um WIEN."*

Die FPÖ bedient sich gezielt eines Motivs, dass die österreichische Identität als Negativerzählung versteht. Dabei ist das Kinderbuch von Ginzkey Teil einer Erzählung der österreichischen Identität und deren Basis. Sehr oft versteht sich diese „in Abgrenzung von etwas“. Historisch betrachtet war diese Schablone, dieses „Andere“, wiederholt „der Orient“, „die Osmanen“, „der Islam“[44]. Aber was passiert, wenn man aus der Konstruktion der österreichischen Identität gewisse Feindbilder entfernt, was bleibt dann? Das löst Verunsicherung, Angst, Orientierungslosigkeit aus.

Wenn man allerdings konkrete Vorschläge macht und rassistische Bücher und Spiele, von denen es leider zur Genüge gibt, entsprechend überarbeiten will, dann gehen die Wogen hoch!

Ich war vor Jahren in einer Buchhandlung. Dort entdeckte ich zufällig eine Ausgabe dieses Kinderbuchs. Ich war sehr verwundert. Was hatte dieses mit degradierenden Zeichnungen und Worten nur so gespickte Buch hier zu suchen? Ich nahm es und ging damit zur Buchhändlerin. Sie war jung. Ich erwartete mir Verständnis. Warum, weiß ich auch nicht. Was sollte ihr Alter helfen? Jung sein schützt vor Rassismus nicht.

Jedenfalls machte ich sie freundlich darauf aufmerksam, dass mit diesem Buch stereotype Gedanken verbreitet werden und dies höchst problematisch ist. Sie reagierte überrascht. Aber nicht wegen der Menschenfeindlichkeit, die sie da in Buchform anderen Lesenden zugänglich machte. Eher wegen meiner Einordnung des Kinderbuchs als rassistisch. Sie konnte nicht nachvollziehen, wie ich darauf kam. Ihre Worte waren: *„Aber das haben wir schon als Kinder gelesen. Das ist ein schönes Kinderbuch. Als wir klein waren, bekamen wir das immer vorgelesen!"* Sie schüttelte mehrmals entrüstet den Kopf. Es war eine hochemotionale Angelegenheit für sie. Als wäre ich mit ihrem persönlichen Kinderalbum gekommen, mit sorgsam eingeklebten und von ihren Eltern beschrifteten Fotos ihrer Kindheit und hätte ihr verkündet, das müsse jetzt sofort entsorgt werden. Mit so viel Widerstand hatte ich nicht gerechnet.

Bei *Hatschi Bratschis Luftballon* geht es um die Erzählung, wer wir als Österreicher:innen sein sollen. Kinderbücher spielen eine große Rolle in der kollektiven Identität.

„Wir sind die Geschichten, die wir über uns zu erzählen vermögen."[45]

Was Österreich unter anderem kennzeichnet, ist die wiederholte Erzählung der *Türkenbelagerung.* Wenn man in der Wiener Innenstadt herumspaziert, findet man überall Erinnerungen, Straßennamen und Denkmäler. Der Kaffee, den wir trinken, kommt vom Austausch mit dem Osmanischen Reich. Durch einen anderen Blick auf die Geschichte schafft man zu erkennen, dass das vermeintlich *Fremde* immer auch ein Teil des Eigenen ist. Je nachdem, worauf der Fokus liegt, könnten auch ganz andere Aspekte betont werden. Zum Beispiel das Wort „hatschen", im österreichischen Dialekt verbreitet, kommt von „Hadsch", der islamischen Pilgerfahrt.

In der Neuverfilmung von „Arielle“ wird die Meerjungfrau von einer Schwarzen Schauspielerin dargestellt. Viele protestierten, man würde ihr Märchen verhunzen, denn das „Original“ wäre mit einer weißen Meerjungfrau besetzt. Allerdings sind Meerjungfrauen nicht real, Rassismus hingegen sehr wohl. „Out oft the sea, wish I could be part of that world“ singt Arielle im Film. Ihr sehnlichster Wunsch ist es, dazuzugehören. Genau das ermöglicht der Film mit der neuen Besetzung BIPoC-Kindern. Sich selbst zu sehen, in einer Welt, die sie selten abbildet. Und das stört Weiße.

Der Maßstab bei solchen Diskussionen sind oft nicht die Betroffenen. Wenn ich als Betroffene über „die Muslimin“ lese, wird nicht gefragt, wie es mir damit geht, sondern wie es der Dominanzgesellschaft damit geht. Die gibt die Kriterien vor, ob die Inhalte rassistisch sind oder nicht. Das ist aber die falsche Debatte. Hier geht’s nicht nur um ein ausgrenzendes Buch, sondern um die Frage, wer hat Deutungshoheit, wer hat Definitionsmacht. Wer darf sagen: Das ist rassistisch und das nicht?

Die US-amerikanische Philosophin Martha Nussbaum beschreibt in ihrem Buch *„Das Königreich der Angst: Gedanken zur aktuellen politischen Krise"* die Angst als eine bestimmende Emotion der Politik des Westens. Das Politische ist damit für sie zugleich emotional. Das zeigt sich an der Rhetorik der Ausgrenzung, wie Politiker:innen mit Worten die Spaltung der Gesellschaft vorantreiben und vor allem, dass verschiedene Gruppierungen unfähig geworden sind, über ihre Differenzen hinweg mit anderen Gruppen zu kommunizieren. Hier entsteht ein Vakuum, das sich allzu leicht mit Schuldzuweisungen füllen lässt. So entstehen Feindbilder oder es werden historisch angelegte wieder befeuert wie weiter oben beschrieben. Der Anstieg der Intoleranz gegenüber anderen Religionen zeigt sich laut Nussbaum primär bei Muslim:innen, da verschiedene islamische Elemente nach 9/11 als Zeichen des Terrorismus umgedeutet wurden. So wurde in Cannes (Frankreich) zum Beispiel der Burkini mit folgendem Argument verboten: Beim Burkini handle es sich um *„eine Strandbekleidung, die auf ostentative Weise eine religiöse Zugehö-*

righeit bezeugt, während Frankreich und die religiösen Kultstätten Ziel terroristischer Angriffe sind [...]".

Die leidigen, nunmehr seit Jahrzehnten quer durch Europa geführten „Burkadebatten" zeigen auf, was geschieht, wenn sich eine Politik der Angst mit der Sicherheitspolitik vermengt. Es blieb allerdings nicht bei Debatten, in zahlreichen Ländern ist die Gesichtsverschleierung verboten. Durch das Ansteigen des antimuslimischen Rassismus und seinen Einzug in die Legislatur anhand von Verboten wird die Emotion Angst, wie durch Moïsi kartografiert, deutlich sichtbar. In einigen EU-Ländern (konkret in Österreich, den Niederlanden, Deutschland, Dänemark, Bulgarien, Belgien und Frankreich) wurden Vermummungsverbotsgesetze erlassen. Es würde damit die öffentliche Sicherheit deutlich erhöht, so wird argumentiert. Man wisse ja nicht, wer sich hinter der Vermummung verberge. Der österreichische Polizist und sozialdemokratische Polizeigewerkschafter Walter Strallhofer ärgert sich über das österreichische Vermummungsverbotsgesetz, denn es lasse sich kaum exekutieren, er ordnet es mit diesen Worten ein: *„Es ist nichts als Populismus - das Ergebnis einer klassischen Anlassgesetzgebung."*

VON DER ANGST ZUM HASS

> *„Das waren Leute, die Angst hatten, versteckt in Leuten, die einem Angst machten."*[46]

> *„Zorn verraucht, Wut kühlt ab, Hass bleibt."*[47]
> (Reinhard Haller)

Wie sollen solche Ängste abgebaut werden? Wie kann sich Vertrauen entwickeln, wenn man nicht mal Tür an Tür leben will, wenn die Landkarte der Emotionen im europäischen Raum derart von Angst und Hass geprägt ist?

> *„Ein regnerischer Sonntagvormittag im 22. Bezirk. In einer Wohngegend bemerkte ich einen alten Mann, der kaum die Kraft hatte, seinen*

Müllsack zu heben, um ihn in die Restmülltonne zu werfen. Als ich hineilte und während ich schon fast mit anpackte, dabei sagte: ‚Gebens her. Ich helfe Ihnen.' Antwortete er: ‚Naa, i brauch ka Hüfe von jemanden ausn Mittelalter.'[48]
Ok, habibi, dann wartens, bis Ihnen wer aus der Neuzeit Hilfe anbietet."
(Saly Abdel-Ghafour, Facebook)

Ist man schon so von Hass und Wut verblendet, von *Anderen* nichts Gutes anzunehmen? Keine kleine Hilfe?

Der deutsche Hirnforscher Gerald Hüther beschreibt, wie Menschen, die zuerst im Angstzustand sind, relativ schnell in den Hass kippen. Angst ist nur bis zu einem gewissen Grad auszuhalten. Der Mensch sucht nach Mechanismen, um damit umzugehen. Um die verschiedenen Bedrohungen, die oftmals imaginär sein können, auszuhalten, zu kontrollieren und das Gefühl der Kontrolle zurückzubekommen, schlägt die Angst in Hass um. Denn Angst löst Stress aus, wird zu unkontrollierbaren Stressreaktionen, die im Körper einiges durcheinanderbringen. Wenn Andersdenkende, -glaubende, -liebende, -lebende die eigene Ordnung in Frage stellen, bedeutet das Stress und Angst. Je länger dieser Zustand anhält, umso eher kippt er in Verachtung. Denn die erlaubt es einem, sich wieder überlegen zu fühlen.

Wie ist es mit den Ängsten von jenen, die Rassismus erfahren? Jenen, die vom Arbeitsmarkt ausgeschlossen, am Wohnungsmarkt diskriminiert, im Bildungssektor und von Polizist:innen schikaniert werden – aufgrund ihrer Hautfarbe, ihrer religiösen Zugehörigkeit oder sonstigen Differenzmerkmalen, die sie als vermeintlich *fremd* markieren?

ÜBER DIE PHANTOMANGST

„Ein Mann klatscht alle zehn Sekunden in die Hände. Nach dem Grund für dieses merkwürdige Verhalten befragt, erklärt er: ‚Um die Elefanten zu verscheuchen.' ‚Elefanten? Aber es sind hier doch gar keine Elefanten!' Darauf er: ‚Na, also! Sehen Sie?'"
(Paul Watzlawick)

Die Weigerung, mit Menschen zusammenzuleben, die uns erst einmal fremd erscheinen, ist ein Ergebnis von Rassismus und fördert zugleich Rassismus. Studien belegen, dass zum Beispiel Islamfeindlichkeit und Antisemitismus dort am höchsten sind, wo die wenigsten Muslim:innen und Jüd:innen leben.[49] Quasi Antisemitismus ohne Jüd:innen, Islamfeindlichkeit ohne Muslim:innen.

Vor einigen Jahren wurden drei junge Männer wegen Schändung des Gedenksteins für NS-Opfer in Mogiljow, Belarus verurteilt. Es leben höchstens 3000 Jüd:innen (von 380.000 Bewohner:innen) in dieser Stadt, eine verschwindend geringe Anzahl. Vor einem Jahrhundert machten sie noch 52 % der weißrussischen Stadt aus. Das Erschreckende: Erst auf der Anklagebank wurde dies den Skinheads bewusst. Sie erfuhren erst im Rahmen des Prozesses gegen sie, dass während des Zweiten Weltkriegs jede:r dritte Einwohner:in von Belarus aufgrund des jüdischen Religionsbekenntnisses ermordet wurde. Weder war ihnen dieser Teil der Geschichte bewusst gewesen, noch waren sie auf irgendeine andere Art mit Jüd:innen in Berührung gekommen. Es handelt sich um Antisemitismus an einem Ort, wo kaum Jüd:innen leben.

Genauso verhält es sich mit dem Phänomen Islamfeindlichkeit. Sie ist nachweislich dort am höchsten, wo kaum Muslim:innen leben. Dies belegt die Studie unter Leitung des Soziologen Alexander Yendell[50], vor allem Osteuropa ist stark betroffen.

Das bedeutet, wir haben es in erster Linie mit einer imaginierten Gefahr zu tun. Bedrohungen werden wahrgenommen, ohne dass man sich tatsächlich mit dem Thema auseinandergesetzt hätte oder Kenntnisse darüber besäße, was einer:m mutmaßlich Angst einjagt.

„[E]s ist so kleinstädtisch, sich zu Ansichten zu verpflichten, welche ein paar hundert Meilen weiter schon nicht mehr verpflichten. Orient und Okzident sind Kreidestriche, die uns jemand vor unsre Augen hinmalt, um unsre Furchtsamkeit zu narren."[51]
(Friedrich Nietzsche)

Diese Kreidestriche kann man wegwischen, verändern, man kann neue malen. Imagination kann durch das echte Leben gebrochen und widerlegt werden.

„DIE ERFINDUNG DES ANDEREN"

James Baldwin, Malcolm X und Martin Luther King führten am 24. Mai 1963 eine Debatte über Rassismus. Baldwin verknüpfte in seinen Ausführungen die Zukunft der USA mit der Zukunft der Schwarzen. Weiße hätten sich einer Überprüfung ihres Herzens zu unterziehen, um die Gründe zu erörtern, warum die Erfindung des N* notwendig war, warum Weiße diese Figur brauchten.

„What white people have to do is try and find out in their own hearts why it was necessary to have a n in the first place, because I am not a n*, I'm a man. But if you think I'm a n*, it means you need him ... I'm not the n* here and you invented him, you, the white people invented him, then you've got to find out why. And the future of the country depends on that, whether or not it is able to ask that question."*[52]

Baldwin knüpft hier an die Identitätsfindung über das Außen an, Mechanismen, wie wir sie aus der Rassismustheorie bezüglich der Erfindung „des Juden", „der Muslime", wie bei der Orientalismusforschung (siehe Edward Said[53]) kennen. Hermann Bahr schrieb bereits 1894: „Wenn es keine Juden gäbe, müssten die Antisemiten sie erfinden."

In Wien hört man zum Beispiel immer wieder rassistische Aussagen, etwa, dass der Bezirk Favoriten „zu migrantisch, zu Türkisch, zu muslimisch, zu ausländisch“ sei und man sich als „waschechte:r Österreicher:in“ dort nicht mehr wohlfühlen könne.

Eine Untersuchung der Wissenschaftlerin Astrid Mattes hat indes ergeben, dass die höchste religiöse Durchmischung im zweiten Wiener Gemeindebezirk nachweisbar ist, während der 13., also Hietzing, mit der geringsten Diversität aufwartet. Der 13. ist auch jener Bezirk mit dem höchsten Pro-Kopf-Einkommen, ein weißer Bezirk, das bestätigt auch ein Blick in die Schulen dort. Als Parallelgesellschaft wird aber dennoch ein Bezirk wie Favoriten verunglimpft. Dabei ist eine *Parallelgesellschaft* doch viel eher eine *nicht* durchmischte Umgebung ohne Diversität. Der Ausdruck trifft also, wenn überhaupt, am ehesten auf Hietzing zu. Wer hat sich also aus der Parallelgesellschaft hinauszubewegen und zu integrieren?!

Die Störung, das Aufeinandertreffen, die Reibung, die Chance, das Eigene und Gewohnte zu hinterfragen, all das ist nur im Zusammenleben gegeben. Da gilt es hinzublicken: Wie können wir ein Zusammenleben gestalten, ohne Menschen hinauszudrängen?

Wenn wenig wirkliche Durchmischung verschiedener Gruppen stattfindet, kann sich kein Vertrauen, keine Zuversicht entwickeln, keine Emotion, die die Angst zerstreuen oder ersetzen würde. In einer breit angelegten Studie[54] aus dem Jahr 2017 stellte man fest, dass jede:r fünfte (19 %) Deutsche keine Muslim:innen als Nachbar:innen wollte. Österreich toppte diese Zahl traurigerweise: Jede:r Dritte (28 %) gab an, keine muslimische Mitbürger:innen nebenan wohnen haben zu wollen.

NACHBARSCHAFT & FOKUS AUF SICH

„Menschen kommen aus Angst nicht zusammen; Sie haben Angst, weil sie einander nicht kennen. Sie kennen einander nicht, weil sie nicht kommuniziert haben.“
(Martin Luther King)

Nach einem meiner Vorträge über Interkulturalität kam eine ältere, engagierte Dame auf mich zu und erzählte, sie sei seit 2015 in der Arbeit mit Geflüchteten aktiv. Sie bemühe sich zu helfen, Deutsch zu unterrichten, sie holte weit aus, aber immer stand sie selbst im Zentrum ihrer Erzählung. Was sie nicht alles mache und unternehme. Schließlich kam sie auf den Punkt. Die Frauen, um die sie sich kümmere, seien nicht so offen, nicht bereit, ausreichend Deutsch zu lernen, seien eher zurückgezogen und zu viel mit den Kindern beschäftigt. Sie hätten einfach kein Interesse daran, sich zu integrieren. Ich fragte sie, wie sie darauf komme, dass diese Frauen, die sie betreute, nicht so offen seien, keine Zeit hätten, zu sehr mit ihren Kindern beschäftigt seien und so weiter. Im Gespräch entpuppte sich eine Aussage nach der anderen als reine Annahme von ihr. Sie ging schlichtweg davon aus, dass es so war. Weil sie eben nicht kämen, wenn sie da und bereit sei, zu unterrichten. Sie gab zumindest ehrlich zu, dass sie nie nach dem Grund der Abwesenheit gefragt hatte und merkte im Gespräch selbst, wie sehr sie von vorgefertigten Bildern geleitet war, statt sich wirklich mit den Menschen auseinanderzusetzen und sich auf deren Realität einzulassen.

Diese Art von Egoismus begegnet mir oft in meiner Arbeit, der Erwachsenenbildung. Mit welch einer Selbstverständlichkeit Menschen davon ausgehen, andere hätten Informationen über sich preiszugeben oder die ihnen angebotene Hilfe anzunehmen und dafür dankbar zu sein.

Ich bin Teilnehmende an einem Podium, danach erfolgt die Podiumsdiskussion. Das Publikum ist jedenfalls sehr interessiert, und sobald es die Gelegenheit gibt, werden schon die ersten Fragen gestellt. Eine Dame steht auf und fragt mich direkt, ob ich ihr bei einem Problem weiterhelfen könne. Meine Antwort wird nicht abgewartet - sie holt direkt aus. Seit kurzem lebe eine Familie neben ihnen in der Wohnhausanlage. Man habe sich schnell angefreundet, da die Kinder gleich alt sind. Sie helfe den Kindern der Nachbarin öfters bei den Hausübungen. Die Kinder verstehen sich sehr gut. Spielen miteinander. Mit der Mutter freunde sie sich auch gerade an, die Basis stimme. Man sei sich sympathisch. Sie verstehe nur nicht, und das sei jetzt bitte das Problem, warum die Nachbarin sich bei bestimmten Themen nicht so öffne, wie sie sich das wünsche. Die Nachbarin würde zum Beispiel nicht viel über ihre Religion und ihr Verständnis zu Religion erzählen. Da sei sie eher zugeknöpft und weiche aus. Warum das so sei? Sie wäre ja offen dafür und frage immer wieder nach, aber ohne Erfolg.

Wie viel hat sie denn schon selbst über ihre Religion, ihr Verständnis zu Religion und Privates über sich erzählt, frage ich, da sie sich offensichtlich diese Offenheit von ihrem Gegenüber erwarte.

Stille.

Nichts. Kein einziges Detail hätte sie darüber verloren, erwähnt oder sonst wie zum Thema gemacht. Was erwartet sie sich also?

Wir sind Menschen. Wir sind keine Auskunftgeber:innen über spezifische Themen wie Religion, Sprache, Kultur, Migration, je nachdem, wo das Interessensgebiet der Fragenden gerade liegt. Warum sich öffnen, wenn von der anderen Seite die Fragen einem Verhör ähneln? Wer hat da Lust auf ein Gespräch?

Abgesehen davon ist Religion vielleicht einfach die letzte Angelegenheit, über die die geflüchtete Frau sprechen möchte. Vielleicht verbindet sie schmerzhafte Erfahrungen damit. Oder vielleicht hat sie gelernt, dieses Thema hierzulande zu meiden, um eine beginnende Freundschaft nicht aufs Spiel zu setzen. Sie hat wohl schon mitbekommen, dass genügend Ressentiments gegen Religion allgemein und „den Islam" im Speziellen vorhanden sind.

Bei diesen letzten beschriebenen Vorfällen wird deutlich, wie viel Raum die Befindlichkeiten und Gefühle von Menschen in etablierten, privilegieren Positionen beanspruchen. Die Landkarte der Emotionen von Weißen zeigt zum Teil Angst, sie zeigt Verlustängste, aber auch Ängste, eigene Privilegien zu verlieren (wie sich an der Debatte rund um das rassistische Kinderbuch zeigte).

DIE FATALE KETTE DER EMOTIONEN

„Hurt people hurt people."[55]

„Ich vermute, einer der Gründe, warum Menschen so hartnäckig an ihrem Hass festhalten, ist, weil sie spüren: Wenn der Hass einmal verschwunden ist, werden sie gezwungen sein, sich mit Schmerz zu beschäftigen."
(James Baldwin)

Die versäumte Auseinandersetzung mit sich selbst, den tiefer liegenden Problemen, der Frage nach den Bedürfnissen: Das ist es, was einen antreibt, so menschenfeindlich auf die Straße zu gehen.

Sie sind die Verlierer:innen, das ist ihre Selbstwahrnehmung. Statt sich mit ihren Gefühlen, ihren Ängsten, ihren Sorgen auseinanderzusetzen, projizieren sie diese auf andere. Denn sich mit seinem eigenen Schmerz zu beschäftigen bedeutet, wie Baldwin schreibt, diesen zunächst zu akzeptieren, auszuhalten. Das tut weh und eröffnet vielleicht dunkle Bereiche, die man gar nicht so genau sehen möchte. Wut und Hass sind im Gegensatz dazu sehr aktive Emotionen, die zum Handeln drängen. Sie suggerieren im ersten Moment Stärke, man wird laut, präsent, und das gibt einem das Gefühl von Handlungsmacht, die das vermeintliche Problem lösen würde. Sich mit sich selbst so tiefgehend auseinanderzusetzen, um zu verstehen, woher die Abneigung gegen *Andere* rührt, bedeutet auch, sich die Zeit zu nehmen, die eigene emotionale Landkarte zu erforschen. Mitunter bedeutet es, sich professionell begleiten zu lassen. Dafür braucht es wiederum ein öffentliches Interesse daran, Therapie breit und niederschwellig zu ermöglichen.

„Despite how open, peaceful, and loving you attempt to be, people can only meet you as deeply as they've met themselves."[56]
(Matt Kahn)

Hier tun sich tiefe Schluchten auf und zeigen, warum unser gesellschaftlicher Zusammenhalt vor einer großen Zerreißprobe steht. Vor einem möglichen Auseinandertreiben. Die Frage, *wie* wir zusammenleben wollen, setzt eine Bejahung der Grundfrage voraus, *ob* wir zusammenleben wollen. Das Wie ist allerdings nur dann nachhaltig und gut zu beantworten, wenn wir uns ernsthaft für ein kollektives, gutes Leben für alle interessieren und einsetzen. Wenn sich allerdings Menschen dem Hass hingeben, bedeutet das für mich, dass sie sich nicht mit dem Wie auseinandersetzen wollen. Denn das würde implizieren, sich mit sich selbst auseinanderzusetzen.

„… WISSEN, WER WIR NICHT SIND …"

Samuel Huntington hat mit seinem Buch *Kampf der Kulturen. Die Neugestaltung der Weltpolitik im 21. Jahrhundert* einiges an Schaden angerichtet, indem er darin sehr vereinfachte Thesen aufstellte, die essenzialistisch sind, Kulturen als homogene Einheiten beschrieb, die einander bekämpfen würden. Folgende Beobachtung von ihm ist allerdings bemerkenswert: *„Wir wissen, wer wir sind, wenn wir wissen, wer wir nicht sind und gegen wen wir sind".* Das ist doch eigentlich genau das Problem. Diese negative Identität, ohne den Anderen nicht zu können, sich stets abgrenzen zu müssen, stelle ich mir enorm anstrengend vor. Es ist jedenfalls für die, von denen man sich abgrenzt, eine große Belastung. Kaum ein Plakat, kaum eine politische Rede der FPÖ, AfD und anderer rechtspopulistischer Parteien kommen ohne die Degradierung *Anderer* aus. Da wird Muslim:innen vorgeworfen, sie würden Weihnachten abschaffen wollen, dank ihnen dürfe der Nikolo nicht mehr in die Schule zu den Kindern kommen, und überhaupt seien sie schuld daran, dass die christlichen Bräuche den Bach runtergehen würden. Der Kernpunkt der Erzählungen von Rechtspopulist:innen folgt dem Muster, dass es „den Anderen" immer besser gehe und „sie" permanent benachteiligt seien. Daher müsse man es „Anderen" schwer machen.

Das beeinflusst das Zusammenleben. Ich erinnere mich an einen Einkauf im Supermarkt, bei dem ich ein Gespräch zwischen der Kassiererin und einer Arbeitskollegin hörte. Sie beklagte sich, wie schwer ihr Leben sei, und die Kollegin erwiderte daraufhin: *„Im nächsten Leben wünschen wir uns, Flüchtlinge zu sein. Dann wird's leichter."*

„DIE HÖLLE, DAS SIND DIE ANDEREN!"

An die 72 % der Österreicher:innen halten sich für überaus tolerant, ihre Mitbürger:innen hingegen seien die Intoleranten (60 %), untermauert die „Toleranzumfrage", die vom Mauthausen-Komitee in Auftrag gegeben wurde.[57] Genauso wenig tolerant zeigt sich die:der Österreicher:in in der Einschätzung des Toleranzpotenzials ihrer:seiner österreichischen Mitbürger:innen. Was sagt dies über eine Gesellschaft aus? Zutiefst paradox, wenn das Selbstbild eines der Toleranz zeichnet, bei den anderen wiederum Intoleranz verortet wird. Der französische Philosoph Jean-Paul Sartre sagte dazu treffenderweise: *„Die Hölle, das sind die anderen."* Die anderen seien die Homophoben, Rassist:innen, aber man selbst davor gefeit. Dies deutet darauf hin, dass es an kritischer Selbstreflexion fehlt und das, was man hasst, worauf man wütend ist, als Projektionsfläche dient. Damit versperrt man sich selbst aber auch die Möglichkeit, an diversen „Baustellen" zu arbeiten, sich mit sich selbst auseinanderzusetzen und vor allem mit dem, was man denn für nicht gut bzw. für nicht tolerabel befindet. Dazu gehört auch die Arbeit an den eigenen Wesenszügen, die man nicht wahrnehmen will. Der Philosoph Rainer Forst hält fest, dass man in der Auseinandersetzung mit Phänomenen der Fremdheit zu Beginn mitunter auf eine ablehnende Haltung stößt - nämlich bei sich selbst. Genau dies mag der erste Schritt zum Wege der Toleranz sein. Denn was man gut findet, braucht man auch nicht zu tolerieren. Es braucht eine Abwägung und Gründe, die dafür sprechen, auch wenn man einen Aspekt selbst individuell für falsch hält, trotzdem eine Haltung der Toleranz an den Tag zu legen. Das Dilemma ergibt sich, wenn die Ablehnungsgründe massiv sind und man nicht zu einer tolerierenden Haltung findet. Vor allem dann, wenn die Abneigung in erster

Linie auf Vorurteilen basiert, die nicht reflektiert werden, und man sich dagegen wehrt. Dann handelt es sich um eine Form der Intoleranz – und genau hier macht Rainer Forst klar, dass wir keine toleranten Rassist:innen brauchen, sondern ein Ende des Rassismus.[58]

Viel zu schnell werden Lebensweisen, Kleidungsstile, sexuelle oder religiöse Orientierungen, die von den eigenen abweichen, degradiert und somit Intoleranz praktiziert. Toleranz an den Tag zu legen bedeutet nicht nur, das Andere, Abweichende auszuhalten, sondern vor allem, *sich selbst auszuhalten.*

ÜBER FREMDENHASS ALS SELBSTHASS

> *„Analytisch betrachtet, verachtet jemand jemanden erst, wenn er ihn beachtet."*
> (Ahmed Naief)

„Fremdenhass ist Selbsthass, davon bin ich überzeugt", sagt die österreichische Schauspielerin Sophie Rois in einem Interview. Was im Außen als *fremd* markiert wird, mit Vorurteilen und Stereotypen versehen, ist weit weg von einem selbst – und bedeutet wohl, dass man es bei sich selbst nicht anerkannt hat, geschweige denn einen Weg, wie man gut mit diesen Anteilen umgehen kann.

Die bulgarisch-französische Psychoanalytikerin und Literaturtheoretikerin Julia Kristeva[59] beschreibt das *Fremde* als einen Anteil meiner Selbst, den ich (noch) nicht akzeptiert habe: *„das Andere ist mein (eigenes) Unbewusstes"*.

Es ist unglaublich, wie viele Menschen sich gestört fühlen, wenn Menschen anders glauben, lieben, essen, schlichtweg eine abweichende Vorstellung vom Leben haben. Gemäß dieser dann auch noch leben! Vielleicht, weil sie sich selbst das Anderssein verwehren? Oder aber, weil es ihnen verwehrt wurde?

ÜBER DAS FREMDE UND DAS EIGENE

Ich halte den Eröffnungsvortrag zum Thema „Interkulturalität – über das *Fremde* & Eigene" vor 300 Expert:innen aus dem medizinischen Bereich. Der zweite Vortrag, der direkt im Anschluss ohne Pause folgt, nämlich von einem Psychotherapeuten, beginnt mit einer Degradierung meiner Inhalte, meiner Person: Er erklärt dem Publikum, dass er mit seinem Vortrag komplexere Themen ansprechen werde, nicht so einfache Theorien und Beispiele wie ich, seine Vorrednerin.

Was ist das für ein Mechanismus, der da in ihm ausgelöst wird, dass er so etwas von sich gibt?! Er ist selbst Psychotherapeut, musste also viele Stunden in der Selbstreflexion und Supervision absolvieren. Sein Verhalten ist höchst unprofessionell und irritierend. In verschiedenen Kontexten begegnet mir Abwertung, weil ich als *die Fremdmarkierte* etwas in den Anderen auslöse.

Das vermeintlich *Fremde* kann aufzeigen, wo beim *Eigenen* noch Wachstum und Entwicklung nötig sind. Wo vielleicht noch zu viel Unkenntnis vorherrscht.

Vor einigen Jahren war ich zu Ostern auf einem Bauernhof, in dem die Familie in mehreren Generationen zusammenlebte. Die Oma buk das Ostergebäck; zum Frühstück bekam jede Person ein solches. Eine Ostersonne schmückte den Tisch in der Mitte. Die Familie ließ die Urlaubsgäste ganz selbstverständlich teilnehmen. Zum Abschied erklärte mir die Oma, dass niemand Angst vor „dem Islam" zu haben brauche, solange jede:r über eigene Traditionen Bescheid wisse - denn dann wüsste man auch, dass Muslim:innen einem nichts wegnehmen wollen. Das Problem meint sie, sei jedoch, dass die meisten nicht mal wüssten, wofür Ostern genau steht und was ihre eigenen Traditionen denn bedeuten. Selbstkenntnis und das Wissen um die eigenen a/religiösen, kulturellen Bedürfnisse kann das aufeinander zugehen ungemein erleichtern.

Das ist der springende Punkt - Selbstkenntnis, Reflexion, Einlassen auf die eigenen Mängel.

„RASSISMUS OHNE RASSIST:INNEN“

Wer will schon Rassist:in sein beziehungsweise sich als solche:n bezeichnen lassen? Man sage ja nur seine Meinung. Dass die allerdings degradierend, verletzend und menschenfeindlich ist, wird geflissentlich ignoriert. Werden Wutbürger:innen darauf hingewiesen, dass sie Grenzen überschreiten, kommt der Vorwurf eines Sprechverbots und es wird auf das Recht auf Rede- und Meinungsfreiheit gepocht. Die vielbeschworene Meinungsfreiheit soll als Schutzmantel für den Rassismus dienen.

Die kleine Schwester von *„Das wird man ja wohl noch sagen dürfen!"* ist *„Ich bin die Letzte, die für Nationalismus ist, aber..."*. Diese Erfahrung durfte ich vor Kurzem machen, als ich zufällig ein Gespräch an der Universität mithörte. Denn was nach dem „aber“ kam, fiel eindeutig in die Kategorie von Nationalismus.

Wutbürger:innen pochen oft darauf, sie hätten ein Recht auf Wut, nicht aber jene, die sie mit ihrer Wut treffen. Sie ziehen die Grenze des Sagbaren und verschieben damit den Diskurs. Und als „das Volk“, „die Mitte“, „die Mehrheit“ hätten sie vermeintlich das Recht dazu. Die menschengemachte Grenze wird so gezogen, dass Marginalisierte an den Rand der Gesellschaft gedrängt werden.

„Das empfinde ich nicht als Rassismus", sagt die aktuelle deutsche Bundesinnenministerin Nancy Faeser zum Rassismusvorwurf gegenüber der Berliner Polizei. *„Du bist hier Gast"*, wurde dem Mitglied einer syrischen Familie bei einem Polizeieinsatz an den Kopf geworfen. Einer der Beamten beleidigte diese außerdem noch mit dem Ausspruch, dies sei nicht ihr Land, sondern *„mein Land"*. Sie hätten sich an die Grenzen zu halten. Hier geht es aber nicht um das Gefühl der Innenministerin und wie sie einen Ausdruck empfindet.

Darüber hinaus spielt das Motiv des „Gasts“ in eine Erzählung der Überheblichkeit hinein. „Du bist hier Gast“ klingt im deutschen Kontext wie eine Drohung: *„Deutschland ist das einzige Land auf der Welt, in dem ‚Du bist hier Gast' eine Drohung ist."* (Robert Heinze, Tweet)

Deutschland hat eine Gastarbeiter:innengeschichte, die bisher kaum aufgearbeitet ist. Die bis heute von einer Mentalität getragen ist, deren Motto lautet: „Du bist hier Gast, du hast Pflichten." In anderen Kulturen, wie in der arabisch-türkisch-persischen, oder auch am Balkan, ist man als Gast hingegen mit Rechten ausgestattet. In muslimisch geprägten Kulturen hat man als Gast das Recht auf drei Tage Bewirtung und Unterbringung in der Wohnstätte. Erkan Inan führt in seinem Redebeitrag auf einem Panel bei muslim*contemporary zu „Postmigrantische Perspektive Kunst- und Kulturbetriebe" Folgendes aus: „Gast sein heißt bei uns ‚Ahlan wa sahlan!'" Das ist ein arabischer Ausdruck und wird oft übersetzt mit „Herzlich willkommen". Wortwörtlich bedeutet es „Meine Ebene ist deine Ebene." Es soll also keine Schwelle zwischen uns sein - sei mein Gast, ohne Barrieren oder Hindernisse.

WUT RECLAIMEN

Erkan Inan ist Sohn türkischer Gastarbeiter:innen. Er ist wütend. Denn seine Eltern werden zig Jahre nach ihrer Einwanderung, nach jahrzehntelanger harter Arbeit noch immer als Gäste gesehen. Aber mit der oben angesprochenen deutschen Konnotation. Als jemand, der sich zu benehmen und anzupassen habe. *„Benimm dich. Putz' die Bühne. Aber steh nicht drauf, um zu sprechen! Wir sind die ‚ewigen Gäste'!"*, führt Erkan aus. Die Wut auf dieses System hat ihn dazu angetrieben, sich selbst Raum zu schaffen und mit Gleichgesinnten das Projekt „Ausarten" in München ins Leben zu rufen. Er zählt weitere rassistische Erfahrungen auf und resümiert: „Ich bin ein Wutbürger! Ich will mitgestalten, ich will konstruieren!" Den Begriff „Wutbürger" will er also für sich beanspruchen und schafft mit „Ausarten" einen Raum, wo Kunst und Kultur Marginalisierter Gehör findet. Seine Wut hat ihn erfinderisch gemacht und war sein Antrieb für Veränderung. Einen Raum für den Schmerz und Heilung zu schaffen. In erster Linie für sich, für uns Marginalisierte. Das ist der Unterschied zu den anderen Wutbürger:innen. Erkan schafft Räume, die heilen, Menschen zusammenbringen und Reflexionsmöglichkeit bieten, die „Hassbürger:innen" dagegen zerstören und spalten die Gesellschaft.

WUT DER MARGINALISIERTEN

Wie gestaltet sich diese Landkarte, wenn der Fokus auf den Marginalisierten liegt?

Jede emotionale Landkarte ist individuell verschieden, aber wie sieht es mit der kollektiven, der gesellschaftlichen aus - und zwar aus der Perspektive der Marginalisierten?

Welche Gefühle, welche Emotionen haben Platz, sind erwünscht oder werden unterdrückt, gerade bei Menschen, die sich am Rand der Gesellschaft wiederfinden? Bei der Landkarte der Emotionen stellt sich nicht nur die Frage, welche Gefühle gesellschaftlich vorhanden sind, sondern auch, welche wem zugestanden werden. Denn Emotionen existieren nicht im luftleeren Raum. Sie sind kulturell eingebettet und haben verschiedene Bedeutungen. Wer hat die Deutungshoheit inne? Wer hat Anrecht auf welche Gefühle?

Wut hat eine klärende Wirkung, zeigt auf, wo man stehen möchte und was man nicht mehr länger akzeptieren will. Wut ist also eine gesunde Reaktion auf die Gesellschaft, wie sie aktuell gestrickt ist, ein Gradmesser für Ungerechtigkeit. Es ist aber nicht so einfach für Marginalisierte, diese Facette entsprechend zu zeigen, ohne negativ wahrgenommen zu werden.

Die deutsche Autorin Friederike von Aderkas beschreibt in „Wutkraft", wie hilfreich Wut sein kann: *„Unbewusst ausagierte Wut trägt zerstörerische Tendenzen in sich. Wut hingegen, die uns dient, das Le-*

ben nach unseren Bedürfnissen zu gestalten, ist nicht blind und aggressiv, sondern klar und ausgerichtet."

Doch diese Kraft, sein Leben nach den eigenen Bedürfnissen auszurichten, wird Schwarzen Frauen mit dem hartnäckigen Stereotyp *„angry black woman"* genommen. Sie werden in ihrem Ausdruck, in ihrer Ausrichtung eingeschränkt. Ihre Landkarte der Emotionen wird zu einer verzerrten, die sich nicht mehr zum Navigieren durch Leben und Gesellschaft eignet. Und das verhält sich ähnlich mit anderen Marginalisierten.

„ANGRY BLACK WOMAN"

> *„To be a Negro in this country and to be relatively conscious is to be in a state of rage almost all of the time."*[60]
> (James Baldwin)

James Baldwin beschreibt, dass Schwarze Menschen, die in den USA leben, sich permanent in Wut befinden müssten, da sie begrenzten Zugang zu Ressourcen haben. Das kann man auf als anders Markierte übertragen, die ausgegrenzt werden.

Wo ist der Raum, diese Wut auszuleben? Wo soll sich dieser Ort befinden? Da bricht das Stereotyp der „Wilden", „der Unzivilisierten", der „Wut-Muslima" hervor. Lebt man die Wut aus, bricht das Stereotyp hervor. Fühlen wird nicht allen zugestanden.

Mit der Unterstellung *„angry black woman"* wird Schwarzen Frauen die Emotion Wut genommen, beziehungsweise die Freiheit, Wut auszuleben, zu zeigen. Ein Gefühl, das Menschen ins Handeln bringt, Energien freisetzt. Diese Energie, dieses Gefühl wird nun unterdrückt, es droht Stillstand, Ohnmacht. Denn man will nicht dem Klischee entsprechen und bringt sich damit selbst in eine Position der nicht Handelnden, nicht Wütenden.

Michelle Obama führt in ihrer Autobiografie „Becoming" aus, wie sehr ihr dieses Stereotyp geschadet hat, als sie 2008 aufgrund des Wahlkampfs ihres Mannes Barack Obama in den Fokus der Öffentlichkeit geriet. Sie war eine gern gehörte Rednerin, wurde zu vielen Veranstaltungen eingeladen. Gegner:innen des damaligen Präsidentschaftskandidaten Barack Obama versuchten, Videoaufnahmen ihrer Vorträge so zu schneiden, dass sie inhaltlich ins Gegenteil verkehrt wurden und damit angeblich bewiesen, dass sie Weiße hassen würde. Sie gruben dafür ihre Abschlussarbeit an der Universität Princeton aus, die sich mit den Themen Identität und *race* von afroamerikanischen Abgänger:innen der besagten Universität auseinandersetzte, und versuchten damit zu belegen, sie sei gegen Weiße. Ihr wurde darüber hinaus unterstellt, zu maskulin, dominant und wütend zu sein.

> *„Mittlerweile war ich wirklich etwas wütend, weshalb ich mich sofort noch schlechter fühlte – als erfüllte das die Prophezeiung meiner Kritiker, als hätte ich aufgegeben. Schon erstaunlich, wie ein Vorurteil zu einer echten Falle werden kann. Wie viele ‚wütende Schwarze Frauen' wurden wohl schon von der zirkulären Logik dieses Ausdrucks eingefangen? Warum sollte man nicht lauter werden, wenn einem niemand zuhört? Und wird man nicht erst recht wütend und irrational, wenn man andauernd derart abgestempelt wird?"*[61]

Die Prophezeiung wird zur Vorlage, denn die Wiederholung wird zur gefühlten Wahrheit und hat schließlich Auswirkungen auf das Selbstbild.

Eine Freundin wehrte sich bei einer Podiumsdiskussion zu Feminismus gegen sexistische sowie rassistische Behauptungen. Sie hatte gute und stichhaltige Argumente. Aber immer wieder wurde sie darauf hingewiesen, sie solle nicht in „diesem Ton" diskutieren, warum sie denn so emotional sei, warum so laut, etc. Sie konnte es kaum fassen. *Tone policing* par excellence war ihr widerfahren. Sie schaffte es immerhin für eine gute Zeit, auf der Metaebene zu bleiben. Aufzuzeigen, was hier in der Diskussion schieflief, wie sie die Mitdiskutierenden und die Moderatorin eingrenzten, bis es nicht mehr ging. Kein rationaler Satz konnte von ihr eingebracht werden, ohne sie auf eine emotionale Ebene zu verweisen. Die Kommentare des Publikums waren gehässig, respektlos und aggressiv. Die

Moderation hat die Aufgabe, in solchen Situationen einzugreifen – was sie in dem Fall aber nicht tat. Eine Diskussionsteilnehmerin äußerte sogar ihren Unmut darüber, dass sie selbst in feministischen Räumen „Kopftuchfrauen“ zu sehen bekäme. Nämlich meine Freundin.

Nach der Veranstaltung verließ die Freundin den Raum und fing sofort an zu weinen an. Sie war wütend. Sehr sogar. Ihr war Unrecht widerfahren. Und dennoch war der Raum nicht da, bereits während der Diskussion ihren Emotionen freien Lauf zu lassen. Wie hätte das denn ausgesehen? Die empfindliche Muslimin, die überreagiert? Also hatte sie Stärke zu mimen, obwohl ihr schieres Unrecht widerfuhr. Kein Raum für „Schwäche“.

Aus „angry (black) woman“ wird „strong (black) woman“. Die Gegenfigur, die in der Popkultur, Liedern, Büchern usw. Ausdruck fand, war eine Schwarze Frau, die weiß, was sie will. Die stark ist. Für sich einsteht. Klare Vorstellungen von ihrem Leben, ihrer Berufswahl und allen anderen Bereichen hat. Ein resolutes Auftreten, eine gewisse Coolness und starkes Selbstbewusstsein kennzeichnen sie. Was sie noch ausmacht, ist, dass sie als „Superwoman“, als „power house“ gilt. Da ist kein Platz für Schwäche, Unsicherheit, Bedürfnisse, die es zu stillen gilt, sondern sie hat zu geben, Bedürfnisse anderer zu erfüllen, sich um andere Menschen zu kümmern, für sie da zu sein und sie zu umsorgen. Das Bild reicht weit zurück in die Zeit, als Schwarze Frauen als Bedienstete in weißen Haushalten und an der Versorgung weißer Kinder arbeiteten. „Mammy“ ist die Bezeichnung für diese Figur: jemand, die etwas rundlicher ist, gut und gerne kocht, sie stellt keine Bedrohung dar, stellt keine sexuellen Ansprüche, eine „Versklavte“, die für den Haushalt zuständig ist.[62] Sich um alle Bedürfnisse der anderen kümmert, nur nicht um ihre eigenen, so das Klischee. Bis in die heutige Zeit wirkt dieses Narrativ.

Michelle Obama, die ehemalige First Lady der USA, die mit ihrem Mann 2008 Geschichte schrieb, als er der erste Schwarze Präsident der USA wurde, spielte eine prominente Rolle, da sie sehr präsent an der Seite ihres Mannes war. Sie ist hochgebildet, Anwältin und

Mutter. Oft war sie vor der Kamera, bei Events zu sehen und in Interviews zu hören. Ihre Präsenz schüchterte Menschen ein, sie sah sich daraufhin mit vielen Vorwürfen und Gerüchten konfrontiert:

„‚For a minute there, I was an angry black woman who was emasculating her husband', she said. ‚As I got more popular, that's when people of all sides - Democrats and Republicans - tried to take me out by the knees and the best way to do it was to focus on the one thing people were afraid of: the strength of a black woman.'"[63]

Stärke ist eine Zuschreibung, mit der man sich gerne identifiziert. Aber was verursacht das? Wieder ist es ein Zustand, der nicht unbedingt dem entspricht, wie man sich fühlt, es ist die Kehrseite der Zuweisung *„angry black woman"*. Ein Zustand, dem man zu entsprechen hat. Was steht dabei auf dem Spiel? Die mentale Gesundheit, die vielschichtigen Emotionen, die sich darunter verbergen.

Während *„angry black woman"* auf eine Emotion reduziert wird, vor allem auf eine Emotion, die sie vielleicht nicht oder nicht ausschließlich fühlt, werden ihr als *„strong black woman"* die Gefühle ganz entzogen, negiert, unterdrückt. Und das kann genauso krank machen.

Marginalisierte finden sich in einer Gesellschaft wieder, die komplex Fühlenden keinen Raum gewährt. Sie haben die belehrenden Debatten zu erdulden und sollten sich demütig und dankbar zeigen, für die gute Situation, in der sie sind. Wo haben dann die Gefühle Platz? Welchen Weg bahnen sie sich? Wie kommen sie zum Ausdruck?

Demütig und dankbar sein. Demütig sein, und dabei gedemütigt werden.

Die Freundin, die zu Feminismus diskutieren wollte, aber ausgrenzt wurde, wählte ihren eigenen Weg, mit ihren Emotionen umzugehen: Sie entzog sich gänzlich dem Diskurs. Meldete sich von Social Media ab. Hält kaum mehr Vorträge, Diskussionen. Ihre Stimme fehlt medial. Aber ihre psychische Gesundheit war ihr wichtiger. Darüber hinaus merkte sie oft, dass ihr nicht zugehört, sondern ihr ein Platz zugewiesen wurde, wie sie zu diskutieren und in welcher Emotionslage sie das bitte zu vermitteln habe. Das ging ihr zu weit. Während es für die eben nicht Betroffenen lediglich einen „intellektuellen" Austausch darstellte, ging es bei vielen Diskussionen um eigene Lebensrealitäten der Marginalisierten. Bei anderen nur um Theorie. Bei ihr um ihre Glaubenspraxis. Bei anderen um die Diskussion selbst. Bei ihr um ihre Selbstbestimmung. Für die anderen sind es nur Diskurse. Für sie ihr Leben.

Wie emotional darf man also sein, sich zeigen, wenn die Debatte die unmittelbare Person berührt und betrifft? Viele Marginalisierte erleben das tagtäglich. Ihre Religion, ihre Kleidung, ihr Lebensstil, ihre Ausrichtung, ihre Partner:innenwahl, sexuelle Orientierung, jeder intime Moment wird diskutier- und verhandelbar für viele Menschen.

> *„ich – als mensch – hatte noch nie im leben das bedürfnis, anderen menschen zu sagen, was sie anziehen sollen, was sie nicht anziehen sollen, was sie zu tun haben, was sie nicht zu tun haben. Ich muss mir das aber gefühlt immer anhören. selbstbestimmung gilt für mich nicht. fremdbestimmung bestimmt mein leben."*
> (saime öztürk, Instagram)

Stefan Zweig, der große jüdisch-österreichische Schriftsteller, beschreibt seine Zeit in London im Jahr 1933 als Wohltat, er nahm sich als in einer „hasslosen Atmosphäre" wahr.

> *„Nichts hatte mir das Leben in den letzten Jahren dermaßen vergiftet, als immer Haß und Spannung im Lande, in der Stadt um mich zu fühlen, immer mich wehren zu müssen, in diese Diskussion hineingezerrt zu werden."*[64]
> (Stefan Zweig)

„Atmen, denken und überlegen" ermöglichte ihm diese neue Stadt. Ganz ehrlich, was will man mehr? Als einfach zu sein? Einen Weg dorthin scheint die Emotion Wut zu ermöglichen. Sie räumt diesen

Weg frei. Marginalisierte sind angewiesen auf diese Wut. Wut hat eine reinigende Kraft.

Hirnphysiologisch entsteht Wut im limbischen System. Die Emotion dient zur Abwehr von Bedrohung, von Unterdrückung und Einengung. Der Mensch agiert in einem Ausnahmezustand, seine gängigen Handlungen werden unterbrochen durch diesen neuen Modus. Wut ist zwar im Moment schwer zu kontrollieren, die Selbstkontrolle wird minimiert und schwindet. Wut aktiviert den ganzen Körper. Wut hat aber auch einen reinigenden, befreienden Effekt.

Das ist der produktive Anteil, den Audre Lorde in *„The Uses of Anger: Women Responding to Racism"* (1984) beschreibt. Sie ermuntert als Autorin, Aktivistin und Dichterin dazu, Gefühlen mehr Gehör zu schenken. Uns unseren Gefühlen über das Schreiben in Form des Dichtens anzunähern, zu verstehen. Emotion nicht als Antithese zum Intellekt aufzufassen, denn das vermittelt uns die europäische, westliche Philosophie. Eine gewisse Dichotomie, Denken und Fühlen werden einander gegenübergestellt.

> *„Every woman has a well-stocked arsenal of anger potentially useful against those oppressions, personal and institutional, which brought that anger into being. Focused with precision it can become a powerful source of energy serving progress and change."*[65]
> (Audre Lorde)

Lorde geht von Descartes' *Cogito ergo sum* (Ich denke, also bin ich) aus, wenn sie feststellt: *I feel, therefore I can be free.* (Ich fühle, also kann ich frei sein.) Dieser Ansatz eröffnet die Möglichkeit, Gefühle als Wegweiser zu Freiheit und Selbstbestimmtheit zu verstehen, als Informationen über das eigene Innenleben. Als Navigationssystem.

Auf die Emotion Wut einzugehen, bedeutet, dass Änderungen folgen müssen. Aber ist man überhaupt gewillt, sich zu ändern? Es ist leichter, die Wut zu ignorieren, als sich in Selbstreflexion zu üben.

„DIE AUSNAHME“

Menschen zu loben, indem man ihnen vermittelt, sie seien die Ausnahme, bedeutet, dass Klischees und Vorurteile weiter gepflegt werden wollen. Denn, wenn „die *gebildete, mündige, emanzipierte muslimische* Frau“ erst einmal nicht die Ausnahme ist, sondern lediglich eine von vielen, dann heißt es Abschied nehmen vom bisherigen homogenen, starren, verzerrten Bild. Eine Frau, die diesem Bild nicht entspricht, erzeugt Widerspruch. Das scheinbare Kompliment ist aber keines, es schützt nur das eigene begrenzte Denken.

Ich bin wütend. Denn ich bin eben keine Ausnahme. Werden indessen diese Wut und mein Einspruch ernst genommen, bedeutet das, dass ein Umdenken notwendig ist. Das ist allerdings anstrengend. Da ist es wohl um Ecken leichter, die Wütenden zu belehren, zu diskreditieren, ihnen ihre Argumente abzusprechen, indem nicht auf die Worte, sondern auf eine übertriebene Reaktion verwiesen wird. Wie sehr sind Menschen bereit, rassistische Muster abzulegen, zuzuhören, von Betroffenen zu lernen?

LANDKARTE DER MARGINALISIERTEN

„Angry black woman" ist ein klassisches Stereotyp, das weit in die US-Geschichte der Versklavung Schwarzer Frauen zurückreicht. Schwarze Frauen wurden und werden nach wie vor als männlich, aggressiv, dominant, feindselig, launisch markiert. Bis heute hat sich dieses Vorurteil gehalten und hat negative Auswirkungen auf Betroffene: wenn eine Schwarze Frau für sich einsteht, ihre Meinung sagt, wird sie mit der Aussage *„angry black woman"* mundtot gemacht. Als wütend abgestempelt. Als zu laut. Als bedrohlich.

Eine Studie[66] der Wissenschaftlerin Kimberlé Crenshaw, die den Begriff Intersektionalität prägte, zeigt auf, dass Schwarze Frauen ihre Emotionen unterdrücken, ihren Unmut weniger zum Ausdruck bringen, um nicht diesem Vorurteil zu entsprechen.

In der BBC-Dokumentation *„Black girls don't cry"* wird diesem wirkmächtigen Klischee auf den Grund gegangen. Marverine Cole, die Journalistin dieses Dokumentationsfilms, beschreibt, wie sehr dieses Stereotyp der psychischen Gesundheit Schwarzer Frauen schadet, wie viele mit Depression, Substanzmissbrauch und Selbstverletzung zu kämpfen haben.

> *„Meanwhile, sectors of society refuse to believe any other narrative about us, to the point that it deeply impacts our lives, our career prospects and even our love matches […]. We're constantly portrayed as*

adversarial, confrontational, unattractive and unlovable (the last woman any man would pick). Black women face the double discrimination of race and gender. Even our own natural hair and beauty is criticised for not being European enough, for being unprofessional.
So who hears us when we finally speak up and admit we're fragile and we need professional help?"[67]

Menschen in eine Emotion einzusperren ist eine gewaltvolle Praxis: sie begrenzt. Sie vereinfacht, und ist eine Methode der Unterdrückung. Wortwörtlich werden dadurch Emotionen unterdrückt, weil man dann erst recht nicht versucht, die Wütende zu sein. Unterdrückte Emotionen stauen sich an und machen krank.

EMOTION ALS PRIVILEG?

Wer darf seinen Emotionen freien Lauf lassen? Was ändert sich, wenn wir uns auf die Emotionen einlassen? Genau hinhören? Fühlen wir alle gleich? Gibt es Emotionen, die erwünscht sind und andere wieder weniger? Gibt es gute Emotionen, schlechte Emotionen? Oder ist eine Emotion wie die andere? Unabhängig vom Individuum? Wer hört zu, wenn man sich öffnet?

Menschen wollen in all ihren Facetten sein, lachen, weinen, wütend, überrascht oder angeekelt sein, in all der Komplexität. In all ihrer Komplexität.

Marginalisierte werden beschrieben, benannt und ihr Gemütszustand wird kategorisiert, gedeutet und gewertet. Was geduldet wird (Dankbarkeit, Demut) und was nicht (Wut). Welche Emotion erwünscht ist und welche nicht. Jede Emotion zeigt Facetten des Seins. Verbietet man eine oder wird eine unterdrückt, so fehlt eine Facette des Menschen.

Aktuell geht berechtigterweise viel Literatur auf die fehlende sowie unterdrückte „weibliche" Wut allgemein ein, die die Tatsache aufzeigt, wie sehr „Frauen" diese Wut zusteht und doch über Jahrhunderte verwehrt wurde, indem man sie als verrückt, hysterisch abstempelte, sie fügsam machte, indem man die Umstände, denen man sie durch das Patriarchat aussetzte, als Normalität darstellte, denn so wurde die Wut zahnlos.

Ihnen diese energiereiche Emotion abzusprechen, entzog ihnen Macht. Den Schwarzen Frauen und Frauen of Colour diese Wut abzusprechen bedeutet auch, ihnen ihre Rationalität, Vernunft, „Zivilisiertheit" abzusprechen.

Es ist derselbe Mechanismus, allerdings umgekehrt. Das schon seit Jahrhunderten. Es reicht in die Zeiten der Kolonialisierung ganzer Länder und Gemeinschaften zurück. Denken wir nur an den deutschen Philosophen Immanuel Kant. Er hat seine Stadt Königsberg in Deutschland so gut wie nie verlassen, wusste dafür aber ziemlich viel über *andere* zu „berichten". (Achtung: Ironie.)

Folgende Zeilen, die aus Kants Feder stammen, sind zutiefst rassistisch und verletzend: *„Die N*. von Afrika haben von der Natur kein Gefühl, welches über das Läppische stiege."* Sie seien *„sehr eitel und so plauderhaft, dass sie mit Prügeln müssen auseinander gejagt werden."*[68] Kant beschreibt weiter, dass sie faul seien. Seit damals hält sich dieses Stereotyp, des impulsiven *Anderen,* des „Barbaren". Es werden ihnen nicht unbedingt Gefühle per se abgesprochen, sondern vielmehr bestimmte Emotionen zugeschrieben: Faulheit, Eitelkeit, Brutalität. Diese Zuschreibungen der verschiedenen „Kulturen" wurden auch auf Landkarten festgehalten. Die koloniale Praxis baute auf dem Prinzip „teile und herrsche" auf. Um sie zu beherrschen, wurden andere als solche benannt, vermessen, kategorisiert. Diese Kategorisierungen wurden auf einer Landkarte vermerkt. Der US-amerikanische Politikwissenschaftler Benedict Anderson beschreibt diese Technik der Kolonialmächte (in Kombination mit Volkszählungen und Ausstellungen in Museen) als eine Methode, Menschen zu beherrschen. *„Die Wirkung dieses [Klassifikations-]Rasters bestand darin, immer von etwas sagen zu können, dass es dieses und jenes nicht ist, dass es hier an diese Stelle gehört [...]. Alles war eingebunden, determiniert und daher – im Prinzip – zählbar."*[69]

Betroffene wurden mit diesen Zuschreibungen versehen, und bis heute hat man sich damit auseinanderzusetzen, davon zu distanzieren. Emotionen *anderen* zuzuschreiben ist bis heute eine gängige Praxis, die sich auch im Film wiederfindet.

Ein Blick in die Unterhaltungsindustrie zeigt klare Tendenzen, wer in Hollywood die wütende Rolle besetzt. Was sagt das über unsere Gesellschaft aus, wenn zum Beispiel „der Schwarze“ oder „die Muslimin“ oder „der Araber“ überdurchschnittlich oft die Wütenden, Kriminellen, Terrorist:innen auf der Leinwand spielen?

> *"In the States, if you are Arab, a lot of people want to cast you as ‚the angry Arab', the scary Arab. They want you to be that persona; they want you to be angry in a way because that's how the Arab world has been cast; through this lens of terror; as barbarians; as inherently violent. It's just beyond frustrating. Of course it pisses me off, but I don't want to be pissed off, because it's not productive, and I don't want to fall into that trap. I'm a lot of other things. I'm not just Arab. When I'm on mainstream media and they book me to talk as ‚Ahmad, the Muslim journalist,' I say: and what's a Christian journalist, what's a Jewish journalist? How am I a Muslim journalist? So I am very mindful of not falling into that trap."*[70]
> (Ahmed Shihab-Eldin)

Der US-amerikanische Professor Jack Shaheen hat in seinem Buch *„Reel Bad Arabs: How Hollywood Vilifies a People"* über 900 Hollywood-Spielfilme auf das darin vermittelte Image von „Araber:innen“ hin analysiert und kommt zu dem Schluss, dass sich wiederholende Stereotype über „Araber:innen“ belegen lassen. Das Bild, das von „der:dem Araber:in“ kreiert wird, ist eines von wütenden, jähzornigen, rückständigen, aggressiven Menschen.

Selbstwirksamkeit beginnt von klein auf, wenn wir uns in verschiedenen Rollen wahrnehmen und erleben. Die Geschichten, die wir hören, spielen dabei eine große Rolle und sind sehr wichtig für die Identifikation. Die Held:innen der Geschichten dienen uns als Identifikationspersonen, sie machen uns Mut und helfen uns, Hindernisse zu überwinden. Marginalisierte Gruppen sind aber unterrepräsentiert in diesen Geschichten. Dort gibt es selten einen

Sikh mit Turban, eine Frau mit Kopftuch oder einen Menschen mit Behinderung. Was bedeutet das, wenn ich mich selbst in diesen Geschichten nicht wiederfinde? Und wenn schon, dann in einer bösen oder eingeschränkten Rolle?

Wir leben in einer rassistisch strukturierten Gesellschaft. Diversität ist zwar in aller Munde, aber wie viel Sichtbarkeit und vor allem facettenreiche, komplexe Sichtbarkeit ist tatsächlich erwünscht?

Eine am Bunche Center for African American Studies an der UCLA durchgeführte Studie[71] belegt, dass das, was wir oft sehen, lesen und wahrnehmen, Teil unserer Erinnerung und Erfahrung wird. Marginalisierte lesen und hören immer wieder Dinge über sich, die sie selbst als negativ darstellen. Die Selbstwirksamkeit wird damit auf dieser Ebene bereits reduziert, weil man sich selbst dann teilweise so wahrnimmt, wie es einem all die Geschichten erzählen wollen: wütend, aggressiv, ungebildet, arm, eindimensional.

Im schlimmsten Fall führt das dazu, dass Menschen daraus schließen, dass sie nicht zu dieser Welt oder Gesellschaft gehören und in ihr nicht wirken können. Als Gesellschaft können wir es uns einfach nicht leisten, dass Menschen so ein negatives Fremdbild verinnerlichen, das schließlich zum Selbstbild wird. Es braucht Kraft und sehr viele Gegennarrative, um sich von diesen Erzählungen freizumachen und sich selbst anders wahrzunehmen. Die Gesellschaft spiegelt eine Negativerzählung wider: *die Anderen* als impulsiv, als zu emotional, als unwissenschaftlich. So wird ein angebliches Recht darauf konstruiert, sie zu zivilisieren, zu zähmen, zu erziehen, zu missionieren.

„When they speak it is scientific,
when we speak it is unscientific.
universal/specific;
objective/subjective;
neutral/personal;
rational/emotional;
impartial/partial;

they have facts, we have opinions;
they have knowledge, we have experiences."[72]

Es ist noch nicht lange her, da wurde ich eingeladen, einen Fachvortrag zu Rassismus und Gegenstrategien zu halten. Online angekündigt standen neben dem Namen jedes:r Referierenden die Berufsbezeichnung und ein paar Zeilen zur jeweiligen Expertise. Bei mir stand ein einziges Wort: Betroffene. Einfach BETROFFENE.

„When they speak it is scientific,
when we speak it is unscientific."

So schnell wurde mir mein angeeignetes Wissen, mein Status als jemand mit drei Universitätsabschlüssen inklusive Promotion, meine Expertise abgesprochen und meine Person auf bloße Erfahrung reduziert. Das reduziert mein Gesagtes auf ein Einzelschicksal, was es nicht ist. Analysen zu Rassismus, Differenzierungen zu strukturellen und Alltagsdiskriminierungen, Geschichten dazu, all dies wird plötzlich lediglich zu „Amanis Perspektive", der einer Betroffenen.

„they have knowledge, we have experiences."

Was löst das aus? Was für einen Platz finden wir als Nicht-Weiße in dieser Gesellschaft mit unserem Wissen? Und wenn wir einen angemessenen finden, wie viele Kämpfe galt es dafür durchzustehen, auszufechten? Warum überhaupt die Gegenüberstellung von Wissen und Erfahrung? Bedingen die beiden sich nicht gegenseitig? Ist Erfahrung nicht eine wertvolle Ressource? Es gilt, sich für den Status als Erfahrungsträgerin weder zu schämen noch sich davon loszusagen. Allerdings habe ich ein Problem damit, auf etwas reduziert zu werden.

Ich erinnere mich oft an meine Forschungsreise quer durch fünf US-Bundesstaaten zum Thema Inklusion und Diversität. Selten fühlte ich mich so schnell in meiner Expertise wahr- und ernst genommen. Wie oft wurde mir nicht die Frage gestellt: *„What is your background?"* Bei den ersten Malen nahm ich an, es ginge um meine Herkunft. Weit gefehlt, die Frage zielte auf meine Profession ab. *„What is your PROFESSIONAL background?"* war die eigentliche Frage, ohne eben das „professional" auszusprechen. Ja, ich fühlte mich gesehen. Wertgeschätzt. Plötzlich stand mein Forschen in der und zur Philosophie und Interkulturalität im Mittelpunkt. Da wurde nachgehakt, nachgebohrt. Das tat mir nicht nur gut, sondern war eine willkommene intellektuelle Abwechslung sowie Weiterentwicklung vieler Ideen und philosophischen Gedanken.

Wie klein wird man doch mit der leidigen Herkunftsfrage gehalten. Sie gibt einen sehr eingeschränkten Rahmen vor. Wenn wir uns stattdessen mit Inhalten auseinandersetzen, dazu befragt werden, eröffnen sich neue Denkräume und Möglichkeiten des geistigen Wachstums.

Das ist aber nicht möglich, wenn einem Wissen, Expertise und, ja, selbst Emotionen abgesprochen oder aber bestimmte zugeschoben werden, die man in dem Moment, in dem jeweiligen Kontext nicht fühlt.

Füllt man dann eine Rolle aus, performt man? Welche Emotion ist das Ergebnis einer Performance und welche ist quasi Ausdruck des eigentlichen Bedürfnisses?

ZWEI BEISPIELE FÜR PERFORMANCE

1 Wir grüßen uns. Haben uns länger nicht gesehen, kennen uns aber so gut und seit so langer Zeit, dass wir problemlos den Gesprächsfaden aufnehmen und in die Tiefe gehen können. Sie hat vor einigen Monaten zwei Pflegekinder afghanischer Herkunft aufgenommen. Damit ist sie in den Kreis der Pflegeeltern getreten. Die Rolle hatte sie davor nicht. Sie ist Pädagogin, Mutter mehrerer Kinder, und widmet sich neuen Aufgaben mit der Aufnahme von zwei Burschen, deren Herkunftsland sie kaum kennt. Allerdings gehören sie derselben Religion an. Sie sind alle Muslim:innen. Jedenfalls betritt sie mit dieser Rolle einen neuen Raum, neue Strukturen. Sie ist sichtbare Muslimin. Sie erzählt mir von der Möglichkeit des Urlaubs für Pflegefamilien, um sich mit anderen auszutauschen, einander kennenzulernen, Leid und Freud mitzuteilen. Sie macht sich mit ihrer Familie auf den Weg zu einem der Kinderhotels, die eigens für diese Fälle eingerichtet sind. Dort bemerkt sie sofort, wie sie in einen anderen Modus wechselt: die freundliche, offene, lächelnde, plaudernde Mama. Ja, das kann sie auch sein. Aber normalerweise ist sie eher ruhig und zurückhaltend. Aber sie ist sich bewusst, wie sie in diese andere Form des Seins wechselt, um den anderen (nicht-muslimischen, weißen) Pflegeeltern zu zeigen: „Hey, ich bin nett. Ich bin offen. Mit mir kann man reden. Mit mir könnt *ihr* reden!" Dann trifft sie auf andere Eltern, mit denen sie gut ins Gespräch kommt und entdeckt bei ihnen dieselbe Performance, wie ihre eigene, die sie ausführt. Die Pflegeeltern sind ebenso bewusst freundlich, offen, gesprächig. Es sind zwei Väter. Ein homosexuelles Paar, das sich um ein Pflegekind kümmert. Sie fallen ebenso aus der vermeintlichen Norm. Sie sind auch neu in der Welt der Pflegeeltern. Und als sie mit mir so plaudert, hält sie kurz inne und bemerkt, wie viel Energie das ihr und wohl auch den Vätern abverlangt. Freundlich sein, um nicht bedrohlich zu wirken. Nicht einfach sein können, sondern performen. Performen, um sein zu können.

2 Ich erinnere mich an einen Unfall, der sich vor nicht allzu langer Zeit zugetragen hat. Unweit von mir war ein Motorradfahrer mit einem Auto zusammengekracht. Sehr schnell waren einige Passant:innen zur Stelle, leisteten Erste Hilfe, setzten einen Notruf ab, sicherten die Unfallstelle. Während das alles passierte, kamen weitere Helfer - zwei Arabisch sprechende Männer. Sie wirkten besorgt und wollten offensichtlich helfen. Eine Frau, die mitten im Geschehen war, fuchtelte mit den Armen und rief, sie sollten weggehen, sie würden hier nur stören. Andere - weiße - Passant:innen, die kamen, schickte sie allerdings nicht weg. Die Männer entfernten sich, blieben dabei freundlich, sie wirkten geknickt, bedrückt, aber lächelten schwach, vielleicht, um nicht bedrohlich zu wirken? Weil ein Lächeln anderen zeigt, ich bin keine Gefahr? Wie oft habe ich Menschen gesehen, die eine Emotion andeuten, eine Emotion „verkörpern", nur um zu besänftigen. Nicht zu viel Aufsehen zu erregen. Ich wurde in dem Moment so unendlich traurig. Sie wollten doch nur helfen. Eine menschliche Geste ...

VERZERRTE EMOTIONEN – VERZERRTE LANDKARTEN

Durch die Performance kommt es zu einer Verzerrung der Gefühle. Die Landkarte der Emotionen hat in diesem Fall keinen Nutzen mehr. Sie stellt ein Navigationssystem dar, das nicht für Marginalisierte gedacht ist, ihre Perspektive nicht mitbedenkt, sondern nur die Emotionen der Dominanzgesellschaft wiedergibt.

Landkarten sind zunächst kartografische Orientierungssysteme. Sie dienen der Orientierung, wenn wir eine neue Stadt, ein neues Land ansteuern. Stadtpläne und Landkarten wurden mittlerweile von Online-Navigationssystemen abgelöst. Wir werden per Computerstimme durch ein Raster verschiedener Straßen gelotst. Sei es zu Fuß, per Auto oder per Rad. Wichtig ist hierbei immer auch zu wissen, wo wir stehen: Was ist unser momentaner Standpunkt, von dem aus wir den Weg zum Ziel finden wollen? Entsprechen die Karten der Realität? Üblicherweise sind sie Hilfsmittel.

Im Geografieunterricht meiner Schulzeit setzten wir uns intensiv mit der Weltkarte auseinander – wir hatten einen Atlas, auch ein Globus stand im Klassenraum zur Verfügung. Wir lernten, wie groß verschiedene Kontinente waren, welche Meere sie trennten, welche Gebirgszüge sie verbanden und auch über die verschiedenen Größenverhältnisse.

Entsprachen diese der Realität? Europa war in unserem Diercke-Weltatlas stets das Zentrum der Welt und ist es auf den gängigen Weltkarten bis heute.

Erst einige Jahre später – in meiner Studienzeit – habe ich realisiert, dass das eine verzerrte Darstellung bestimmter Kontinente ist, dass die grafische Projektion bewusst gewählt wurde. Afrika ist „der kleine Kontinent", Europa hingegen aufgebläht. Es sind Verzerrungen, die zwar Machtverhältnisse, aber nicht geografische Tatsachen wiedergeben. Das jeweilige Weltbild dürfte hierbei eine Rolle gespielt haben.

Der bereits im Kapitel „Emotionen und Landkarten“ erwähnte Kartograf al-Idrisi bemühte sich, eine den damals verfügbaren Informationen entsprechend wahrheitsgetreue Weltkarte zu entwerfen. *„Die Erde ist rund wie eine Kugel, und die Wasser haften an ihr und werden durch ein natürliches, unveränderliches Gleichgewicht auf ihr gehalten."* Das ist angeblich der erste und einzige Satz auf den ersten Seiten der Universalgeografie al-Idrisi, im Roman „Der Sultan von Palermo“ von Tariq Ali erzählt. Dieser Satz gibt sein Denken wieder, während das Weltbild seiner christlichen Kolleg:innen aufgrund der Vormachtstellung der Kirche stark eingeschränkt war. Denn das Wissen hatte sich im Mittelalter dem christlichen Glauben zu beugen, und so entsprach auch die Kartenlehre diesem Weltbild: Das Zentrum war Jerusalem als Heilige Stadt und die Karte selbst nach Osten ausgerichtet. Christoph Kolumbus landete 1492 auf dem Kontinent Amerika - damals herrschte in Europa die Meinung, dass die Erde eine Scheibe sei. Es handelte sich um eine verzerrte Weltkarte. Sie war abhängig von den jeweiligen Herrschenden.

Weltkarten sind notwendigerweise verzerrt, denn zweidimensionale Landkarten sind unvollständige Darstellungen der Wirklichkeit. Entweder werden Winkel und Abstände realitätsgetreu dargestellt, oder aber Flächen und Abstände. Alle drei Dimensionen in zwei Dimensionen darzustellen ist nicht möglich.

Weltkarten erleichtern unserem Vorstellungsvermögen, die Größe der Welt zu ermessen. Zig Karten stellen Europa als das Zentrum dar und damit wird beispielsweise Russland riesig, Afrika allerdings kleiner. Russland hat in Wirklichkeit eine Fläche von 17 Millionen Quadratkilometern, Afrika hingegen 30 Millionen Quadratkilometer. Afrika, der zweitgrößte Kontinent der Erde, schrumpft plötzlich auf die Größe Europas.

Das ist der Mercator-Projektion geschuldet, einer der bestimmenden Darstellungen der Welt. Gerhard Mercator war im 15.Jahrhundert ein angesehener Kartograf, der 1569 in Duisburg eine Weltkarte entwickelte, die bis heute die gebräuchlichste ist. Sie trug den Namen *„Nova et Aucta Orbis Terrae Descriptio ad Usum Navigantium Emendate Accommodata"* (die Neue und vollständigere Darstellung des Erdglobus für den Einsatz in der Navigation) und diente zum Nutzen in der Seefahrt. Die Länder in der Nähe des Äquators waren in der richtigen Größe (also flächentreu) dargestellt. Nördlich und südlich allerdings wurde dies verzerrt. USA, Europa und Grönland wurden vergrößert dargestellt, während Afrika und Südamerika beispielsweise verkleinert waren. Wir haben durch unsere Vertrautheit mit der Mercator-Projektion kein Gefühl für die wahre Größe verschiedener Länder und ein verzerrtes geografisches Verständnis. Unser Blick hat sich an die Mercator-Weltkarte gewöhnt und empfindet diese als „normal". Sie prägt bis heute unsere Sicht auf die Welt. Die Karte ist also massiv verzerrt und beschert uns damit ebenso eine verzerrte Weltsicht.[73]

„Anger is a grief of distortions between peers, and its object is change."[74]

(Audre Lorde)

EMOTION TRAUER

Unter der Wut liegt die Trauer.

Sie war in der zweiten Klasse Volksschule, also um die sieben oder acht Jahre alt. Sie war ein lebhaftes Mädchen, das sehr gerne im Unterricht mitarbeitete. In der gesamten Schule war sie die einzige Muslimin. Sie hatte Freundinnen, dachte sie zumindest. Eines Tages, als sie auf der Schultoilette war, wurde sie von Mädchen aus ihrer Klasse überrascht. Sie hatte die Klotür hinter sich geschlossen, trat zu den Waschbecken, betrachtete ihr Gesicht im Spiegel, ihre Haare, die ihre Mutter erst gestern nachgeschnitten hatte, und wollte sich gerade die Hände waschen, da schnappten sie sie. Sie taten ihr nicht weh, schlugen sie nicht zu Boden. Nein, sie kitzelten sie. Sie wussten, dass sie sehr kitzlig war. Sie lachte zunächst und versuchte das Kitzeln abzuwehren. Lachen war generell ihre erste Reaktion, wenn sie unsicher war, wie sie reagieren sollte. Schließlich merkte sie, was das Ziel der Mädchen war: sie zu Boden zu bringen. Warum, das war ihr aber nicht klar. Sie hatten es schließlich geschafft, kitzelten sie weiter. Sie wollte das nicht und wehrte sich. Man liegt ja schließlich nicht gern auf dem schmutzigen Boden einer Schultoilette. Das war kein gewöhnliches Spiel. Nie zuvor hatte sie von so etwas gehört, geschweige denn bei anderen beobachtet. Eine hielt ihre Hände fest, oder versuchte es zumindest. Sie wehrte sich die ganze Zeit. Nicht eine Sekunde hielt sie still. Die andere versuchte, ihr die Hose hinunterzuziehen. Soweit es halt ging bei einer Person, die sich mit aller Kraft wehrt. Denn nun begann sie mit ihren Beinen zu strampeln. „Wir wollen nur wissen, welche Farbe deine Schamhaare haben!" riefen sie immer wieder und lachten laut.

„Schamhaare? Welche Schamhaare?", fragte sich das Mädchen in Gedanken. Sie hatte doch keine. Niemand hatte in dem Alter welche. Sie waren doch alle noch Kinder! Ihre Klassenkolleginnen gaben sich erst zufrieden, als sie es geschafft hatten, die Unterhose ein Stück runterzuziehen und nachzusehen. Dann ließen sie endlich von ihr ab und gingen wieder. Einfach so.

Sie war verwirrt, aber noch mehr war sie wütend. Sehr sogar. Was war das eben gewesen? Sie blieb allein auf der Toilette zurück. Stand auf, richtete ihre Kleidung und zog sich in eines der WCs zurück. Ein Ort, wo sie kurz für sich sein konnte. Die Tür absperren konnte. Und dann kamen sie - die Trauer und die Scham. Unter der Wut liegt die Trauer. Die Scham. Die Angst. Mit der Trauer kamen die Tränen. Sie weinte. Plötzlich hörte sie die Schulreinigungsdame in gebrochenem Deutsch fragen, ob ihr schlecht sei. Sie hatte nicht einmal bemerkt, dass sie nicht mehr allein war. Diese Frage löste eine gewisse Wärme in ihr aus. Sie war nicht allein. Sie mochte die Dame sehr. Die Reinigungskraft hatte sie hinter der verschlossenen Tür weinen gehört. Sie machte sich offensichtlich Sorgen. Sie fragte, ob sie jemanden holen solle. Bloß nicht, dachte sie sich. Sagte daher, es sei alles ok, ihr sei nur etwas schlecht. Und dass es wieder ginge. Aber nichts war in Ordnung.

Unter der Wut liegt die Trauer. Wenn Wut der Gipfel der Emotionen ist, sind Scham und Trauer tiefe Schluchten.

TRAUER AUF DER LANDKARTE DER EMOTIONEN

Angst, Hass und Wut sind bestimmende Koordinaten unserer Gesellschaft. Je nachdem, wessen Landkarte in den Fokus rückt, tritt die eine oder andere Emotion hervor. Sie zeigen uns, in welcher Gesellschaft wir leben, aber auch, welches Potenzial zur Veränderung vorhanden und wie stark der Wille ist, dies auch zu tun.

Wut ist ein Indikator hierfür. Auf der Emotionslandkarte Marginalisierter nimmt Wut viel Platz ein. Diese Markierung ragt in viele andere Bereiche hinein. Vergrößert man geografische Landkarten, werden Höhenlinien, kleinere Fließgewässer und schmale Wege sichtbar. Auf digitalen Stadtplänen erscheinen plötzlich Straßennamen. Je mehr wir hineinzoomen, umso mehr Markierungen verschiedener Restaurants, Parks, Cafés tauchen auf, die vorher nicht sichtbar waren. Unser Auge nimmt immer mehr Details der jeweiligen Region wahr.

Ähnlich verhält es sich auch mit der emotionalen Landkarte. Vergrößert man diese Karte, zoomt man hinein, wird deutlich: unter großen, präsenten, lauten, heißen Emotionen verbirgt sich noch etwas anderes. Wut ist so eine Emotion, die als „heiße" oder starke Emotion gilt. Die viel Energie freisetzt, aber auch viel Energie kostet.

„I sat with my anger long enough, until she told me her real name was grief."[75]

Bei näherer Betrachtung wird sichtbar: Wenn die Wut nichts ausrichten kann, drücken sich Bedürfnisse, die übergangen oder nicht erfüllt werden, in einer anderen Emotion aus. Denn Wut ist eine Deckelemotion. Sie ist die erste, unverblümte Reaktion des Körpers, der Seele auf Kränkungen, Ungerechtigkeiten, Grenzüberschreitungen. Darunter liegt eine Emotion mit einer Botschaft: Es wurde eine Verletzung zugefügt. „Unangenehme" Gefühle sind Ausdruck unerfüllter oder „falsch" erfüllter Bedürfnisse. Unter der Wut liegen unerfüllte Bedürfnisse - und diese Situation mündet dann in Trauer, Ohnmacht, Angst. Trauer kommt zum Vorschein, wenn die Wut nicht gehört wird, wenn man nichts oder kaum etwas verändern kann, der Handlungsspielraum immer kleiner wird. Man nicht gesehen und gehört wird.

Trauer ist ein Gefühlzustand, der uns ganz einnimmt. Trauer geht einher mit geringerer Lebensenergie, reduzierter Libido und insgesamt einer Erschöpfung auf körperlicher Ebene. Auf psychischer Ebene zeigt sie sich in Niedergeschlagenheit und dem Verlust von Spontanität sowie Risikobereitschaft. Die Lebendigkeit nimmt ab. Man ist mental in sich gekehrt. Äußerlich sichtbar ist eine oft zusammengekauerte Haltung. Bei Trauer steigt das Risiko, zu vereinsamen und sich zu isolieren. Das kann bis zur Depression führen. Der über längere Zeit erhöhte Stresshormonspiegel mündet in Schlafstörungen, Unterdrückung des Immunsystems.

Bei Trauer und Depression ist laut der Emotionsstudie von Lauri Nummenmaa eine sehr geringe körperliche Aktivität zu beobachten. Während bei Trauer in der Untersuchung vor allem die Beine und Arme kalt und schlaff wirken, ist es bei der Depression der gesamte Körper. Alle physischen Aktivitäten sind stark eingeschränkt und energetisch heruntergefahren.

Trauer ist im Gegensatz zu Wut passiver. Sie ist ein Ausdruck von Hoffnungslosigkeit und Resignation. Sie gehört zu jenen Emotionen, die länger anhalten und nicht gleich wieder abebben. Trauer kann zu einer Hintergrundstimmung werden, zu einer Konstante, die das ganze Leben bestimmt. Der Gefühlszustand kann sich erst auflösen, wenn die Trauerarbeit abgeschlossen ist. Diese hat allerdings aktiv zu erfolgen. Es kann so weit gehen, dass hierfür professionelle Hilfe notwendig ist, wenn man selbst nicht mehr aus der Trauerspirale hinausfindet.

Marginalisierte, die einen erschwerten oder keinen Zugang zum Gesundheitswesen haben, ist dieser Weg der begleiteten Trauerarbeit verwehrt.

Paul Ekman[76] zählt zu den Pionieren der Emotionsforschung. In Papa-Neuguinea forschte er jahrelang zu emotionalen Gesichtsausdrücken und deren Universalität. Während seiner Forschungszeit in Neuguinea verließ er das Dorf, das im Hochland lag und wanderte zum nächsten australischen Krankenhaus, um zu duschen und seine Filmkamera aufzuladen. Dorthin hatte sich auch eine Frau mit ihrem Kleinkind auf den Weg gemacht, das schwer erkrankt war. Der zuständige australische Arzt konnte nichts mehr ausrichten, eine Heilung war ausgeschlossen. Im Krankenhaus verstarb dieses Kind. Daraufhin brachte der Arzt die Frau mit ihrem verstorbenen Kind in ihr weit entferntes Heimatdorf zurück. Er lud Paul Ekman ein, ihn zu begleiten und mitzukommen. Beide Männer saßen vorne im Geländewagen, die Mutter mit dem toten Kind im Arm hinten.

In den Memoiren Ekmans ist zu lesen, dass die Mutter keine Anzeichen von Trauer zeigte. Ihr Gesicht war vielmehr ausdruckslos, schwer zu deuten. Als sie schließlich im Heimatort ankamen, die Frau wieder im Kreis ihrer Familie und Verwandten war, weinte sie und brachte ihre Trauer und ihren tiefen Schmerz zum Ausdruck. Der Arzt meinte zu Ekman, ihr Verhalten basiere auf Unehrlichkeit. Es handle sich wohl um ein Zurschaustellen eines Rituals extra für die Dorfbewohner:innen. Seiner Meinung nach hätte sie - wenn sie wirklich traurig gewesen wäre - die Verzweiflung bereits im Auto zeigen müssen.

Die Unterstellung des Arztes, ihre Trauer, ihr Weinen, ihr Schmerz seien nicht ehrlich, entspringt kolonialem Denken. Die Emotionen anderer zu deuten, sich das Vorrecht zu nehmen, darüber zu urteilen, was ehrlich ist und was nicht, wie man zu trauern hat, ist eine offensichtliche Anmaßung. Der weiße Arzt stülpte seine Klischees der Mutter über und nahm sich und sein (Trauer-)Verhalten, wie in „seiner westlichen Kultur" mit Emotionen umgegangen wird, als alleinbestimmenden Maßstab. Das ist das erste Problem. Sich selbst und seine Gewohnheiten als Norm(-alität) aufzufassen. Das Emotionsspektrum, dem entsprechend man fühlt, empfindet, trauert, liegt bei den Betroffenen selbst. Durch sein Verständnis - „seine westliche Kultur" sei die Norm - wird jedes andere Verhalten zur Abweichung, die als nicht „normal" gilt.

Das zweite Problem ist die Wertung des Verhaltens der Frau. Ärzt:innen haben die Aufgabe, Heilungsprozesse einzuleiten, aber auch auf psychischer Ebene zu unterstützen. Der Frau Unehrlichkeit zu unterstellen ist nicht sehr förderlich für ein Vertrauensverhältnis. Paul Ekman, der die beiden im Auto begleitete, hatte andere Erklärungen parat: Emotionen sind situationsbedingt. Die Mutter brauchte ihre Vertrauten, Menschen, die sie kannten, verstanden und von denen sie wusste, sie würde getröstet, um ihrer Trauer und damit den Tränen freien Lauf lassen zu können. Eine andere Deutung wäre auch, dass sie ihre Trauer in Gegenwart der fremden Männer unterdrückte. Vielleicht war es ihr unangenehm, vor anderen zu weinen.

Vielleicht hätten sich weiße australische Frauen ebenso verhalten? Vielleicht wäre es ihnen auch unangenehm gewesen, vor Fremden ihren Schmerz zu zeigen? Eine andere Möglichkeit ist, dass die Mutter einfach unter Schock stand. Mehrere Stunden sein eigen Fleisch und Blut, sein Kind, in den Händen zu halten, aber nicht wie sonst in den Schlaf wiegend, sondern verstorben, ist so unvorstellbar und abseits vieler Lebenserfahrungen, dass sie womöglich einfach Zeit brauchte, das zu verarbeiten.

TRAUER & RASSISMUS

„Was kränkt, macht krank."
(Heidi Kastner)

Rassismus macht krank. Das System erniedrigt. Es bringt uns dazu, unsere Gefühle zu unterdrücken. Uns in unseren Facetten des Seins, des Fühlens einzuschränken. Gefühle sind allerdings da, um gefühlt zu werden. Sie tragen eine Botschaft, die aber nicht gehört werden kann, wenn die Wut auf ein krankmachendes System nicht ernst genommen wird. Emotionen zu unterdrücken macht krank. Rassismus beeinträchtigt die körperliche sowie mentale Gesundheit.

Eine Landkarte der Emotionen ist ein Spiegel der Macht, denn es ist kein Zufall, welche Emotionen abzulesen sind, welche Markierungen wir lesen und welchen wir folgen können. Jemand in einer privilegierten Position wird auch ihre:seine Emotionen dort abgebildet finden. Rassismus als ein gesellschaftliches System, das anders gelesene Menschen diskriminiert - unterdrückt auch die

Emotionen der Betroffenen. Es ist paradox - jene Menschen, die diskriminiert und strukturell benachteiligt werden, haben weniger Möglichkeit und Berechtigung, dies zum Ausdruck zu bringen. Rassismus unterdrückt bis in die letzte Ritze des Seins. Die Emotionen. Die Gefühlslage. Emotionen aufs Tapet zu bringen heißt, über Machtgefüge und damit über ein unterdrückendes System zu sprechen.

Es gilt, zwei Aspekte zu berücksichtigen: die Auswirkungen von Rassismus auf die Betroffenen und die psychischen Langzeitfolgen von Rassismus im Gesundheitswesen.

Fortgesetzte und anhaltende Ausgrenzung, Degradierung, Diskriminierung bewirken psychische Erkrankungen. Sie belasten Betroffene. Diese Belastung äußert sich in Dauerstress bis hin zu schweren psychischen Störungen.[77] Darüber hinaus wirkt dieses Phänomen bis in die nächste Generation hinein: Eine Studie von 2005 stellte ein erhöhtes Risiko für Schizophrenie bei Eltern mit Migrationserfahrung fest, wobei das Risiko bei deren Kindern sogar noch höher liegt.[78]

Sowohl Alltagsrassismus als auch struktureller Rassismus wirken sich negativ aus. Beim strukturellen Rassismus können Chancen und Möglichkeiten auf die gesamte Lebenszeit verbaut werden. Arbeits-, Wohnungsmarkt, Bildungsbereich, Gesundheitswesen - in vielen verschiedenen Bereichen gibt es große Hürden für Marginalisierte.

Rassismus ist nicht nur ein Verbrechen am Istzustand, sondern auch an allem, was sein könnte und hätte sein können. Für direkt Betroffene wird der Blick auf die Hoffnung verstellt, dass sich etwas ändern könnte. Wie soll sich gut für die Zukunft planen und träumen lassen, wenn man damit beschäftigt ist, für gleichberechtigten Zugang zu Arbeit, Bildung und Wohnraum zu kämpfen? Und obendrein gegen verblendeten Hass und Ausschluss auf so vielen lebensbestimmenden Ebenen? Die emotionale Reaktion ist Stress, und die Wiederholung von Stresssituationen (die daher rührt, dass der Rassismus im System steckt) mündet in Dauerstress.[79] Dieser wiederum bewirkt bei den Betroffenen eine Unteraktivierung des präfrontalen Cortex. Dieser ist aber wichtig, um Analysen zu erstellen, vorauszudenken und zu planen. Parallel dazu ist unser Nervensystem überreizt, man kann sich nicht mehr entspannen beziehungsweise erholen. Daher auch die Schlafstörungen und damit der Schlafmangel, der wiederum unser emotionales Empfinden beeinträchtigt. Während der präfrontale Cortex nicht aktiv ist, ist die Amygdala überaktiv, und Emotionen wie Angst werden aktiviert, die unsere Zuversicht und Hoffnung eindämmen. Das wird zum Überlebenskampf und mündet in eine Gefühlskaskade: man glaubt, nichts mehr ausrichten oder ändern zu können, dass alles ausweglos sei. Das Hormonsystem ist überlastet, Burnout, Depression, Schizophrenie, Suizidgedanken, Selbstverletzung sind die Krankheitsbilder.

Für die langjährige Psychotherapeutin Lucía Muriel ist es eine logische Konsequenz, auf ein krankmachendes System mit Symptomen zu reagieren: *„Rassismus wird von der Gesellschaft getragen, obwohl wir wissen, dass er krankmacht. Meine Klient:innen sind aus meiner Sicht also nicht krank, sondern Symptomträger:innen."*[80]

Schwarze Frauen, die zu wählen hatten zwischen der ihnen entgegengebrachten Erwartung, wütend oder stark zu sein, blieb kein Raum mehr für andere Emotionen. In Studien[81] wurde nachgewiesen, wie ihre mentale Gesundheit darunter leidet. Schwarze Frauen zwischen 16 und 34 Jahren belegen traurigerweise den ersten Platz der Selbstverletzungen in US-Notaufnahmen. Weiters belegen Studien, dass Nicht-Weiße im US-Gesundheitswesen[82] aufgrund der Stereotype, die nach wie vor gesellschaftlich wirken, anders behandelt werden. Sie erhalten nicht ausreichend Versorgung für ihre psychische Gesundheit. Die USA und UK setzen sich schon seit Längerem mit den Auswirkungen von Rassismus auf die mentale Gesundheit auseinander. In Österreich und Deutschland ist die Datenlage immer noch sehr dürftig.

Vor einiger Zeit war ich im Krankenhaus in der Ambulanz. In meiner unmittelbaren Nähe lag ein Mann auf einer Liege. Er krümmte sich vor Schmerzen und stöhnte immer wieder auf. Er war anscheinend schon untersucht worden, denn die Krankenpflegerin erklärte ihm das weitere Prozedere, wie es jetzt mit ihm weitergehen werde und was er zu tun habe. Kurz bevor sie sich von ihm verabschiedete, ließ sie es sich nicht nehmen, ihm noch eine Empfehlung zu seinen Deutschkenntnissen auszusprechen. Er solle sein Deutsch verbessern, wenn er vorhabe, in diesem Land zu bleiben. Der Patient hatte offensichtlich Schmerzen, sprachliche Fähigkeiten dürften seine letzte Sorge gewesen sein. Er widersprach nicht, vielleicht hätte er das getan, wenn es ihm besser gegangen wäre.

> *„Als ich Zivi bei der Rettung war, ist mein Fahrer immer absichtlich langsamer gefahren, wenn ein ‚ausländischer' Name am Display angezeigt wurde, ‚weil die Milosevics eh alle nur schauspielern.'"*
> (Wurzelmann, Tweet)

Suchen Betroffene nun Hilfe und bahnen sich ihren Weg durch ein Gesundheitssystem, kann es wieder zu Diskriminierung kommen.[83] Durch das Gesundheitspersonal, Ärzt:innen, Pfleger:innen, Sekretär:innen, Physiotherapeut:innen, Psychotherapeut:innen – es gibt eine Vielzahl an Menschen, denen man im Gesundheitswesen begegnet.

Die Diskriminierung zeigt Folgen. Menschen, die dringend der Hilfe und Heilung bedürfen, reagieren auf rassistische Behandlung, indem sie Termine verpassen, nicht erscheinen, sich nicht an die ärztlichen Vorgaben halten, Medikamente nicht einnehmen – einfach da verweigern, wo es ihnen möglich ist. Das schadet ihnen natürlich über kurz oder lang selbst. Es ist eine subtile Form des Widerstands, ein Versuch, sich selbst zu ermächtigen.

Ein Gesundheitssystem, das auf Weiße ausgerichtet ist, weiße Patient:innen als Norm behandelt, blendet per se BIPoC aus. Schmerzen Marginalisierter auf körperlicher wie psychischer Ebene erhalten nicht denselben Wert. Marginalisierte sind im Gesundheitssystem unterrepräsentiert – sowohl in der Versorgung als auch in den Lehrmaterialien.[84] Ihre Körper, ihre Psyche und ihre Leiden sind unsichtbar.

Ich habe vier Jahre Medizin studiert. Ich kann mich an keine einzige Darstellung nicht-weißer Körper in Anatomiebüchern erinnern. Offensichtlich hat sich in den Jahren seitdem international wenig geändert. Der nigerianische Medizinstudent Chidiebere Ibe hat 2021 aus diesem Grund Illustrationen Schwarzer Körper angefertigt. Seine Abbildung eines Embryos im Bauch einer Schwarzen Frau ist ein Novum. Die fehlende anatomische Darstellung nicht-weißer Körper stellt insofern ein Problem dar, als dadurch oftmals falsche Diagnosen gestellt werden, denn je nach Hautfarbe kann das Krankheitsbild variieren, wie der Medizinstudent bemängelt. Seine Abbildung hat es schließlich in ein Lehrbuch geschafft beziehungsweise wird in der zweiten Ausgabe von *„Mind the gap: A handbook of clinical signs in Black and Brown skin"* der St. George's University of London abgedruckt. Das Lehrbuch wiederum ist die Arbeit des Medizinstudenten Malone Mukwende und ebenfalls als Reaktion auf die fehlende Darstellung von Schwarzen und People of Colour entstanden. Eine Reaktion auf eine Lücke, ein fehlendes Wissen.

„Mind the gap"/„Achten Sie auf die Lücke" wird in London üblicherweise in den U-Bahnen durchgesagt, um Menschen auf die Lücke zwischen Zug und Bahnsteig hinzuweisen. Wenn man nicht aufpasst, kann diese Lücke zum Problem werden. Gar tödlich sein. Dieser Satz hat den Medizinstudenten Mukwende – selbst erst im zweiten Jahr seines Studiums, also relativ am Anfang – dazu inspiriert, sein Lehrbuch gleichlautend zu betiteln. Denn die Lücke im Medizinstudium, das nicht vorhandene Wissen oder sogar falsche Informationen, kann in falsche Diagnosen münden und mitunter tödlich enden.

> *„If the doctors of tomorrow are better equipped to deal with how signs and symptoms present on black and brown skin, this will improve patient care and reduce the healthcare disparities that exist today."*[85]
> (Malone Mukwende)

Das gesamte Lehrbuch ist online und kostenlos einsehbar, um das Wissen so vielen wie möglich zugänglich zu machen.

MENTALE GESUNDHEIT

Die überwiegende Mehrzahl der Psychotherapeut:innen sind weiß, bemängelt die Vorsitzende des *Wiener Landesverbands für Psychotherapie* Leonore Lerch. Seit mehr als zwei Jahrzehnten setzt sie sich mit Psychotherapie und Diversität auseinander und beobachtet, dass es nicht nur zu wenige nicht-weiße Kolleg:innen gibt, sondern auch in der Ausbildung das Thema Ausgrenzung und Psyche vernachlässigt wird. Das hat Folgen für den Therapieverlauf und -erfolg marginalisierter Klient:innen. Da kann es mitunter während der Therapie zu erneuten Rassismuserfahrungen kommen oder aber es werden, wenn Klient:innen von rassistischen Übergriffen erzählen, diese bagatellisiert.

Gefühle und damit Bedürfnisse werden negiert, unterdrückt. Das schadet dem Körper, der Psyche. Nachdem bei Rassismus eine Vielzahl an Gefühlen wie Angst, Stress, Ohnmacht, Wut aktiviert werden, zeichnen diese allesamt unseren Körper. Unsere Empfindungen. Unsere Wahrnehmungen. Sie hinterlassen Spuren.

Das Forscher:innenteam von Ricarda Nater-Mewes an der Universität Wien untersuchte die Auswirkungen von Rassismus auf Stresshormone.[86] Ein Ergebnis war, dass unser Stresssystem aus der Balance kommt, wenn es immer wieder durch Mikroaggressionen gestört wird. Wir leben unter Dauerstress. Unser Immunsystem wird dadurch geschwächt, wir werden leichter krank. Auf der psychischen Ebene äußert sich das in depressiven Verstimmungen bis hin zu Depression, Regression (bei Kindern), Angstzuständen bis hin zu erhöhter Suizidgefahr, aber auch in Flucht ins Suchtverhalten.

„Addiction is a response to emotional pain."
(Gabor Maté)

Der ungarisch-kanadische Suchtexperte Gabor Maté, dessen Großeltern in Auschwitz ermordet wurden, lebte die ersten Jahre seines Lebens mit seiner Mutter in Budapest unter erschwerten Umständen, bis sie nach Kanada flüchten konnten. In seiner Forschung zu

Sucht geht er der Frage nach, woher der Schmerz rührt, der zur Sucht führt, statt die übliche Frage zu stellen: Warum ist jemand süchtig? Er kommt zu dem Ergebnis, dass Menschen mit ihrem Suchtverhalten keinen anderen Ausweg finden, um mit Stress umzugehen, dass sie sich nur auf diese Weise verbunden und zugehörig fühlen können. Isoliert zu sein, unter Dauerstress zu stehen verursacht psychische Schmerzen. Das bedeutet aber nicht, dass jede traumatisierte, marginalisierte oder unter Stress stehende Person süchtig wird. Es bedeutet eher, dass bei Süchtigen ein emotionales Grundbedürfnis nicht gestillt wurde. Insofern ist laut Maté Suchtverhalten immer eine Reaktion auf Schmerz, Verletzung, Trauer. Der Experte plädiert dafür, die Frage: „Was stimmt nicht mit dir?“ durch „Was ist dir passiert?“ zu ersetzen. Damit komme man dem Grund und der Antwort näher.

Wenn wir Gefühle nicht (mehr) unterdrücken, kommt der ganze Schmerz hervor. Latifah Cengel beschreibt in ihrem Beitrag *„Angry Black Woman? Wie ich meine Wut besiegte - und meine Schönheit als Schwarze Frau erkannte“* über ihre Rassismuserfahrung vom Kindergarten weg, in die Schulzeit hinein, bis sie schließlich zu einem Umfeld findet, in dem sie „nicht mehr auffällt“. Dort trat dann der verdrängte Schmerz hervor:

> *„Als ich nicht mehr tough sein musste, holte der Schmerz mich ein. Und die Wut richtete sich nach innen. Nach außen strotzte ich vor Selbstbewusstsein. Aber die Beleidigungen, die ich weggesteckt hatte, drängten sich zurück in meinen Kopf und ich bekam Depressionen. Mein Oberschenkel sah aus wie ein gut benutztes Schneidebrett. Ich schnitt nie besonders tief, die Narben sind heute kaum noch erkennbar.“*
> (Latifah Cengel)

Diese Erfahrungen prägen und erschöpfen.

Ich erinnere mich an einen Vortrag über antimuslimischen Rassismus, den ich vor nicht allzu langer Zeit in Regensburg hielt. Ich ging auf die sich verändernde religiöse, sprachliche, kulturelle Landkarte Europas ein. Die Tatsache, dass Bildungseinrichtungen diverser werden, dass aber dennoch auch dort Menschen als *fremd* markiert und mit Vorurteilen versehen und übergangen werden. Ich brachte konkrete Beispiele für antimuslimischen Ausschluss in Bildungs- und anderen Institutionen wie etwa einer Verbotspolitik bezüglich Sprache und Kleidung. Es waren viele muslimische Studierende in dem Vortragssaal. Wir leuchteten gemeinsam die Konsequenzen der Ausgrenzung und einen möglichen Umgang damit aus.

Es gab eine lebhafte Diskussion und viel Austausch. Im Anschluss war ich mit den Organisator:innen essen, bis ich mich verabschiedete, um mich ins Hotel zurückzuziehen und schlafen zu gehen. So weit, so gewöhnlich.

In der Nacht träumte ich vom vergangenen Abend. Es war im Traum so ziemlich alles gleich, der Saal war gefüllt mit Zuhörenden. Die Kamera für die Hybrid-Vorlesung war an derselben Stelle installiert. Die Unterlagen zum Referieren lagen auf dem Pult. Ich blickte in die Runde, die divers war. Viele Muslim:innen waren da. Alles wie gehabt. Doch langsam bemerkte ich den Unterschied. Ich sah im Traum, wie manche Menschen weinten. Ich schaute genauer. Jene, die weinten, waren Betroffene. Es waren ausschließlich Muslim:innen, denen Tränen über die Wangen liefen. Manche schluchzten laut auf. Andere weinten leise vor sich hin, zusammengekauert. Daneben saßen die anderen, sie hörten ruhig zu und folgten aufmerksam meinen Ausführungen. Es waren allesamt Nicht-Betroffene, weiße Menschen. Bei der Fragerunde waren sie daran interessiert, wie sie sich solidarisch zeigen konnten und fragten nach Beispielen für antirassistische Strategien.

Dann merkte ich im Traum, dass meine Wangen ganz nass waren von Tränen. Ich weinte und spürte so einen tiefen Schmerz. Als ich aufwachte, fühlte ich mich schwer. Die Trauer klang noch nach. Es war so echt gewesen. Der Traum. Der Schmerz so real. Im Traum bahnen sich manchmal Emotionen aus dem Unbewussten ihren Weg ins Bewusstsein, weil es da keine Zensur gibt, im Gegensatz zum echten Leben. Mir wäre während des Vortrags nicht einmal in den Sinn gekommen, zu weinen. Der Traum brachte die Emotionen hervor, die verdeutlichen, wie schwer dieses Thema eigentlich ist. Wie einschneidend im Leben vieler Menschen, die (antimuslimischer) Rassismus betrifft und trifft. Weiße Menschen haben die Wahl, ob sie sich mit antimuslimischem Rassismus auseinandersetzen wollen. Wir Marginalisierten nicht.

Ich lehrte einige Jahre an Pädagogischen Hochschulen angehende Lehrer:innen in Interkultureller Pädagogik. In einem Seminar unterrichtete ich muslimische Studierende – sie wurden zu Islamischen Religionslehrer:innen ausgebildet. Jedes Semester wiederholte ich diese eine Übung: über die persönliche Bildungsbiografie reflektieren. Ich leitete die Übung an. Anschließend berichteten dann die Studierenden von ihrem Zugang zu Bildung, welche Meilensteine sie auf dem Bildungsweg erreichten, welchen Hürden sie begegneten, wer sie prägte, welche Lehrkräfte Spuren hinterließen.

Ich fand es wichtig, die verschiedenen Zugänge und Sozialisierungen zum Thema Bildung zu visualisieren, sodass den Studierenden bewusst wurde, wie ihre individuelle Bildungsbiografie sie prägte, um zu entscheiden, was davon sie übernehmen oder auch ablegen wollten als angehende Lehrer:innen. Denn wenn es in unser Bewusstsein gelangt, haben wir eine Chance, zu wählen. Sonst läuft man Gefahr, unbewusst zu wiederholen, was vielleicht nicht so hilfreich war.

In der Reflexionsrunde wurden viele Geschichten von den Studierenden erzählt, die den ganzen Raum wütend machten. Oft flossen auch Tränen. Erinnerungen an diskriminierende Lehrer:innen wurden wach. Degradierende Aussagen kamen zum Vorschein. Es war wie ein befreiender Akt, sich von all dem loszusagen und diese schmerzhaften Erinnerungen zu teilen, um sie „gehen" zu lassen. Viele waren ungerecht behandelt worden. Studienkolleg:innen ärgerten sich mit der erzählenden Person mit, was dieser wiederum guttat. Zu hören und zu sehen, dass sie nicht allein war in ihrem Ärger, ihrer Trauer, der damaligen Verzweiflung und Ohnmacht, dem ausgeliefert zu sein. Denn eine Lehrperson stellt eine Autoritätsperson dar. Das aufzuarbeiten ist schmerzhaft. Das kostet viel Kraft.

Da war ein junger Mann, der berufsbegleitend studierte. Er erzählte von seiner Lehrerin, die ihm mehrmals geraten hatte, er solle doch lieber arbeiten gehen. Was einer wie er denn in der Schule zu suchen habe. Das sei kein Ort für ihn.

Sie unterrichtete ihn in zwei Fächern, ließ keine Gelegenheit aus, ihre abwertende Haltung gegenüber *Fremden* zum Ausdruck zu bringen. Er verkörperte dies scheinbar, mit seinem arabisch klingenden Namen, einer Familie, die aus einem anderen Land kam und als Muslim. Zwei volle Jahre unterrichtete sie ihn. Er ließ sich jedoch nicht beirren, versuchte sein Bestes zu geben, auch wenn es ihm schwerfiel, holte sich Nachhilfe und Unterstützung. Er schaffte es, schloss die Schule erfolgreich ab, um anschließend Lehramt zu studieren. Lehrer werden und Vorbild sein, es einmal besser machen, das motivierte ihn zum Studium.

Jahre später kehrte er tatsächlich an seine frühere Schule zurück, diesmal aber als Kollege seiner einstigen Lehrerin. Als er sich seinen Weg ins Lehrer:innenzimmer bahnte und er sie erblickte, ließ er es sich nicht nehmen, sie zu grüßen und ihr mitzuteilen, dass sie ab nun Kolleg:innen seien. Sie gratulierte ihm lächelnd und verließ den Raum...

Er hat ihren Hass, ihre Abneigung überwunden. Französisch, eines der Fächer, in dem sie ihn unterrichtet hatte, brauchte er übrigens nie wieder. Aber die Erfahrung prägte ihn.

Wir rätseln im Seminar, warum sie lächelte. Manchmal überspielen Menschen damit ihre Emotionen. Vielleicht ärgerte sie sich insgeheim?

#REICHENHETZE

2018 löste der damalige Bundeskanzler Sebastian Kurz durch eine Aussage im deutschen Fernsehen in der Talkshow „Maischberger“[87] unbeabsichtigt eine Online-Aktion aus, in der Menschen ihre Erlebnisse mit Alltagsrassismus sichtbar machten.

„Natürlich habe ich eine rote Linie und die gibt es nicht nur nach rechts, sondern auch in andere Richtungen. Wir haben erlebt, zum Beispiel

seitens anderer Parteien, dass gegen Menschen, die reich sind, die viel verdienen, gehetzt wurde. Das ist genauso falsch, wie wenn gegen andere Gruppen gehetzt wird. Insofern halte ich es für richtig und für notwendig, rote Linien zu haben."[88]
(Sebastian Kurz)

Als Reaktion darauf posteten viele unter #reichenhetze ihre Ausgrenzungserfahrungen. Es waren so viele Einträge quer durch diverse Social-Media-Kanäle, die allesamt heftig sind, weh tun, betroffen machen.

Im Zuge dessen postete ich meine Volksschulgeschichte:

Volksschule, das letzte (entscheidende) Jahr, bevor es entweder in die Hauptschule oder ins Gymnasium weitergehen sollte. Gespräch zwischen meinem Vater und der Klassenlehrerin - in meiner Anwesenheit. Sie bestand darauf, dass mein Platz auf einer Hauptschule sein sollte. (Ich erinnere mich noch, wie verwundert ich war, da meine Noten doch sehr gut waren.)

Mein Vater wiederum versuchte ihr klarzumachen, dass ich ins Gymnasium gehörte.

Sie daraufhin: „Ihre Tochter wird es nicht schaffen."

Nachdem mein Vater meiner Mutter von dem Gespräch erzählt hatte, ging sie in die Schule, um mit der Lehrerin zu klären, wo denn das Problem sei, wieso sie glaubte, ich würde das Gymnasium nicht schaffen? Diese meinte, es liege an meinem Deutsch. Das sei nicht meine Muttersprache und daher würde ich auf lange Sicht scheitern.

Jahre später sah meine Mutter die Lehrerin zufälligerweise am Hauptplatz. Die war inzwischen in Pension, ich erfolgreich in meinem Erwachsenenleben (mit abgeschlossenem Gymnasium).

Meine Mutter grüßte sie, sagte ihr, sie sei meine Mutter. Ob sie sich an mich erinnerte.

„Natürlich" meinte die Lehrerin. *„Ich weiß noch sehr gut, wer Amani ist, sie war eine ausgezeichnete Schülerin. Ich wusste, sie wird ihren Weg gehen."*

Spannend. Auf einmal hatte sie es schon immer gewusst. Hatte sie vergessen, dass sie damals eine andere Meinung über mich gehabt hatte? Was blendete sie aus?

Das erinnerte mich an das Lächeln der Französisch-Lehrerin. Woher rührt das? Ist es das Bedürfnis, sich keine Blöße zu geben?

Wie viele andere wurden wohl durch das System gebrochen und scheiterten in ihrer Bildungslaufbahn? Oder hatten nicht die nötige Unterstützung, um ihren Weg zu gehen?

Da kommen regelmäßig so viele schmerzhafte Erinnerungen bei meinen BIPoC-Studierenden hervor, dass des Öfteren Tränen fließen – aus Trauer, Scham, Ärger.

Bei #reichenhetze fand ich auffällig, wie viele über ihre degradierenden Ausgrenzungen im Bildungsbereich, Schule, Kindergarten erzählten:

> *„‚War doch klar, dass du die Stelle bekommst. Du bist die Quoten-Ausländerin', sagte meine superreiche Klassenkameradin 2012 zu mir, als ich meine Stelle für das duale Studium bekommen habe."*
> #reichenhetze (Jazellah, Tweet)

> *„Mein Lernkind auf die Frage, warum die Lehrerin ihr das nicht genauer erklärt habe: ‚Sie hat gesagt, ich darf nicht zu ihr hingehen, weil ich stinke.'"*
> #reichenhetze (Marion Holy, Tweet)

> *„Mit 2-jähriger Tochter am Wiener Spielplatz. Vater v. gleichaltrigem Mädchen fragt sichtlich begeistert, ob wir Französisch miteinander reden. Ich darauf: Nein, Türkisch. Den Schock auf seinem Gesicht kann man nicht beschreiben. Er sagt nix mehr."*
> (Alev Korun, Tweet)

> *„Amir war mein bester Freund in Kindertagen. Iranischer Vater. Irgendwann wurde er in Daniel umbenannt, damit er es leichter hat. Hab ich schon als Kind nicht verstanden."*
> (Sabine Karrer, Tweet)

„Mein Cousin hat eine Lernschwäche. Seine Lehrerin zu ihm: ‚Warum bist du so dumm, Asiaten sind doch normalerweise schlau.'"
(Minhu Thu Tran, Tweet)

Diese Geschichten des Beschämens schreiben sich ein. Man wird für etwas verspottet, wofür man nichts kann. Eigentlich sollte beispielsweise das Beherrschen einer zusätzlichen Sprache einen Mehrwert darstellen. Stattdessen gibt es zu viele Erlebnisse, bei denen Menschen degradiert werden. Dieses Beschämen hinterlässt Spuren. In der Bildungsbiografie. Im Gehirn. Im Körper. Sie prägen uns. Die emotionale Landkarte Marginalisierter wird zu einer persönlichen Erinnerungskarte, die auf das Erlebte verweist, was einer:m alles widerfahren ist. Die Pädagogin Kevser Muratović schreibt über die Trauer zu diesen Erfahrungen folgendes Resümee:

„Seit gestern lese ich die unter diesem Hashtag veröffentlichten Diskriminierungserfahrungen und habe sogar einige meiner eigenen ‚zum Besten gegeben'. Und dann hat mich eine tiefe, unbeschreibliche Trauer befallen. So viele Menschen haben von Kindesbeinen an Erniedrigungen, Schmähungen, Entwürdigungen und Entmenschlichungen ertragen müssen. Man hat ihnen schon in jungen Jahren etwas angetan, das niemand erleben sollte, schon gar nicht als Kind: man hat sie als anders markiert. Und zwar nicht nur als anders, sondern als minderwertig anders, als negativ anders, als schlecht anders."
(Kevser Muratović, Facebook)

Wenn sich eine Situation nicht ändern lässt, oder man nur eingeschränkte Mittel hat und kaum auf Resonanz stößt, wird der Mensch passiv und zieht sich zurück. Erschöpfungszustände stellen sich ein und werden dann zum Selbstschutz. Allerdings liegen damit Potenziale brach. Menschen wollen sich entfalten, können aber nicht, aufgrund von gesellschaftlichen Umständen. Das wirkt individuell und hemmt Betroffene. Trauer drückt den Selbstwert.

„So much power & violence works through exhaustion: the exhaustion of people's capacities to resist; the exhaustion of people's capacities to live their lives on their own terms; the exhaustion of having to navigate systems that are designed to make it harder to get what you need."[89]
(feministkilljoy/SaraNAhmed, Tweet)

ERSCHÖPFUNG DER UNTERPRIVILEGIERTEN

Wenn wir wütend sind aufgrund der Einschränkung in Möglichkeiten und Rechten, aufgrund der Ungerechtigkeit, die uns widerfährt, kostet uns das sehr viel Energie. Meist sind wir danach erst einmal müde und ausgepowert. Wenn wir über unsere Grenzen hinausgehen oder jemand unsere Grenzen missachtet, ist das ebenso frustrierend und kräftezehrend. Kommt das öfters vor, kann es sogar dazu führen, dass man ausbrennt. Schlaflosigkeit, Dauerstress, Burnout stellen sich ein. *Ausgebrannt.*

Jede:r trägt eine Flamme in sich, manche formulieren es als Licht. Diese Flamme symbolisiert für mich, wofür wir stehen, unsere Träume, Ideen, Ideale, Hoffnungen. Wenn uns etwas wichtig ist, versuchen wir dieses Leuchten weiterzugeben. Sprechen darüber. Leben es vor. Wir brennen für etwas. Das kann sogar bis zum Lodern führen. Was aber, wenn wir nicht gehört, nicht gesehen werden? Wenn wir zu viel geben, uns abarbeiten, nicht gut haushalten mit unserer Energie? Dann erlischt diese Flamme irgendwann. Die Energie ist nicht mehr da. Da kommt es zu einem Gefühl des Ausgebranntseins.

Marginalisierte sind müde. So unglaublich müde, von all den Anforderungen eines Systems, dessen Fundament auf Sexismus, Rassismus, Klassismus[90] beruht und benachteiligt. Von den Anfragen, Rückfragen, dem Infragestellen. Von der Wut, dem Trauern, dem Weinen.

Aufregen, Protestieren, Einfordern, Kritisieren, Bemängeln, die zig Versuche, etwas zu verändern, das kostet enorm viel Kraft. Ein Erschöpfungszustand stellt sich ein. Wir kommen dadurch immer weiter weg von der Stillung unserer Bedürfnisse - unseren Gefühlen. Die Müdigkeit nimmt enorm viel Lebensfreude und -lust.

Mir wurde ein Preis für mein Engagement verliehen. Ich freute mich sehr darüber. Bei der Übergabe wurde mit jeder Preisträgerin noch ein kleines Interview geführt, so konnte man mehr Einblick in die jeweilige Arbeit gewinnen. Als ich an der Reihe war, wurde mir tatsächlich die Frage gestellt, *wie ich andere Menschen davon überzeugen würde, dass ich ein selbstbestimmtes Leben führe.* Meine Antwort kam sofort und direkt, ohne zu zögern: „Gar nicht. Das ist ja nicht meine Aufgabe."

Es wäre nicht verwunderlich gewesen, wenn es mir die Sprache verschlagen hätte, oder ich einfach nicht gewusst hätte, was ich antworten sollte, weil man es in so einem Rahmen nicht erwarten würde. Aber um ehrlich zu sein: Ich habe nach vielen verschiedenen Erfahrungen längst verstanden, dass es das nicht gibt. Es gibt keinen Raum, keine hierarchische Ebene, keinen Bildungsgrad, keinen Anlass, die vor solchen Fragen und Unterstellungen schützen würden.

Der Abend war bis dahin ein wunderschöner, der Festakt empowernd gewesen. Nur die eine Frage passte so gar nicht hinein. Und die habe ausgerechnet ich gestellt bekommen. Viele sprachen mich danach an, äußerten ihren Unmut über die mir widerfahrene Behandlung und bestärkten mich in meiner Arbeit.

Diese wiederholten Unterstellungen, das Absprechen meiner Selbstbestimmtheit, das Infragestellen meines Preises, meiner Arbeit machen müde. Mein Gedankenkarussell dazu: Reagiere ich?

Wie reagiere ich? All das kostet Kraft. Selbst das Nichtreagieren kostet Kraft.

Dudu Küçükgöl beschreibt in ihrem Artikel *„Spricht sie noch oder schweigt sie schon? Silencing-Strategien gegen muslimische Frauen in der feministischen Praxis"*, wenn muslimische Frauen nicht sprächen, bedeute das, dass sie Klischees und Vorurteile gegenüber ihrer Person in Kauf nehmen würden und sie sich daher doch dafür entscheiden sollten, das Wort zu ergreifen: *„Deshalb können oder wollen viele Musliminnen nicht schweigen, weil sie sonst ertragen müssen, dass über sie gesprochen wird, als seien sie Objekte und als könnten sie sich nicht selbst artikulieren."*[91]

Dagegen anzugehen kostet Kraft. Aber selbst dann, wenn man sich gegen Unterstellungen und Pauschalverurteilungen wehrt, bringt das leider oftmals nicht viel. Wie oft schon wurden Muslim:innen darum gebeten, darauf hingewiesen oder gar dazu genötigt, sich vom IS, vom Terror, von Gewalt zu distanzieren. Immer wieder kam diese Aufforderung. Es folgte einem Muster - ein Verbrechen wurde begannen, und sofern man auch nur irgendeine Beziehung des Täters zum „Islam" oder zu Muslim:innen herstellen konnte, wurden alle Muslim:innen weltweit in Geiselhaft genommen und mitverantwortlich gemacht. Wir würden uns doch alle auf dieselbe Religion beziehen, „den Islam", oder etwa nicht? Da war kein Platz für Differenzierung und Zwischentöne. Da war auch kein Raum für einen Blick, der wahrnimmt, dass Muslim:in nicht gleich Muslim:in ist, dass niemand für die Tat der:s anderen geradestehen kann und will. Wenn in den USA ein weißer Mann einen Amoklauf begeht, werden dann die Kirche und christliche Mitbürger:innen um ein Statement bemüht? Das wäre absurd. Warum wird dies dann von Marginalisierten erwartet? Manchmal hilft uns die Umkehrung, um zu sehen, wie absurd die Forderungen sind.

Eine junge muslimische Studentin aus den USA hat sich die Mühe gemacht, alle Distanzierungsbekundungen und -schreiben diverser muslimischer Communities, Moscheen und Sprecher:innen von muslimischen Verbänden zusammenzutragen. Es sind dutzende A4-Seiten. Aber kaum etwas davon kam medial an. Es ist, als ob

Rassismus Augen, Ohren und Herzen versiegeln würde. Man sieht das Gute, das Menschliche, das Potenzial und das Eigene nicht mehr im Anderen.

BILDER IM KOPF

Bei meiner Arbeit in der Erwachsenenbildung, in Seminaren und Workshops, ist es mir oft passiert, dass Menschen davon ausgehen, ich würde zum „Islam" referieren. Spätestens bei der ersten Runde an Wortmeldungen wird das klar. Denn üblicherweise beginne ich interaktiv, kläre die Erwartungshaltung ab und lasse jede Person zu Wort kommen, um sich vorzustellen. Obwohl ich zum Beispiel zum Thema Interkulturalität, Interkulturelle Öffnung oder Intersektionaler Feminismus eingeladen werde, und obwohl allen der Einladungstext bekannt ist, kippen viele in ein eingefahrenes Muster. Trainerin trägt Kopftuch, zuerst große Augen und große Verwunderung als Reaktion, dann ein erleichtertes Aufseufzen, man glaubt Bescheid zu wissen, denn das muss ja wohl bedeuten, dass ich über „den Islam" spreche. Sie fragen nicht einmal vorsichtig nach. Musliminnen werden so oft auf „den Islam" reduziert, dass man automatisch davon ausgeht, wenn ich spreche, dann über meine Religion. Dann höre ich bei der Runde zum Thema „Erwartungen an das Seminar" Dinge wie: *„Ich freue mich, dass wir heute mal über das Kopftuch sprechen!"* oder *„Ich bin gespannt, was wir heute über den Islam lernen werden!"* oder *„Endlich mal die heißen Eisen angreifen - Terrorismus und was ‚der Islam' dazu sagt!" „Der Islam"* sagt erst einmal gar nichts dazu. Weil weder ich *„der Islam"* bin noch eine Religion ein Subjekt ist, das sprechen könnte. Der Einladungstext verspricht außerdem anderes - nämlich, dass ich mit ihnen zum Thema der Interkulturellen Öffnung ihres Sportvereins arbeite oder über Intersektionalen Feminismus in universitären Einrichtungen, weil die Organisierenden mich als Expertin dazu eingeladen haben.

Wir sind so konditioniert, dass Kopftuch = „Islam" = bedrohlich = schlecht bedeutet. Diese Assoziationskette bewirkt, dass Frauen mit Kopftuch als Projektionsfläche dienen. Hier kommen vielmehr

Vorurteile zum Vorschein, die in ihren Köpfen sind, die sie auf das Tuch projizieren.

Ich halte eine Fortbildung für Lehrer:innen. Es gibt viel Diskussion über die gegenwärtige Bildungssituation, muslimische Schüler:innen, Lebenswelten muslimischer Familien. Nach einer gewissen Zeit fragt mich eine Teilnehmerin sichtlich genervt, wann ich denn endlich aufhöre, immer nur über Männer zu sprechen: *„Die ganze Zeit geht es nur um Männer bei Ihnen! Der Prophet Mohamed[92] hier, Ayatollah da, Rechtsgelehrte dort ...Wann kommen denn mal die Frauen dran? Dabei würde mich viel mehr die Rolle der Frau im Islam interessieren."*

Ich mache sie darauf aufmerksam, dass ich gendere. Das bestätigen die anderen Teilnehmer:innen. Sprache schafft schließlich Wirklichkeit. Ich frage sie also, welche Männer sie meint, über die ich durchgehend referiert haben soll. Durch meine Rückfragen merkt sie, dass sich das Ganze in ihrem Kopf abgespielt hat. Das Seminar nimmt also seinen Lauf. In der Pause kommt die Teilnehmerin auf mich zu: *„Wissen Sie, ich bin Deutschlehrerin. Ich weiß, wie wichtig es ist, auf das Gesagte zu achten. Ich weiß, wie wichtig Sprache ist. Es ist mir unerklärlich, warum ich dachte, Sie sprechen nur über Männer, wenn es um Islam geht."*

Ich tippe mal auf die Bilder im Kopf. Das macht es so ermüdend. Man kämpft gegen Bilder im Kopf von Menschen, die sie auf mich projizieren.

In diversen anderen Kontexten wird ebenso erwartet, dass ich mich zu Anschuldigungen gegen *„den Islam"* positioniere und diesen widerspreche. Auf Lesungen, Podiumsdiskussionen oder in Workshops werde ich mit Fragen zum Kopftuch häufig darauf reduziert, Muslimin zu sein, obwohl das nichts mit dem Anlass meiner Anwesenheit zu tun hat. Wenn dann von meinem Sprechen nur noch ein Widersprechen bleibt, wo bleibt dann eigentlich mein Inhalt? Wo bleiben meine Themen und meine Expertise? Wo bleiben meine intellektuelle Herausforderung und geistiges Wachstum?

„Wir sind müde, wirklich müde, aber wir können als Women of Colour nicht einfach gesenkten Hauptes gehen. Wie schauen wir da in den Augen der Dominanzgesellschaft dann aus? Wie eine unterdrückte Muslimin? Wie eine ‚Angry Black Woman'? Wie eine unterwürfige Asiatin, die sich alles gefallen lässt? Wie eine Frau, die nicht selbstbewusst ist? Wie eine Frau, die schwach ist? Und wenn wir schwach aussehen, pöbeln uns dann nicht eher irgendwelche Leute an?"[93]
(Asma Aiad)

Die Erschöpfung ist nicht nur eine mentale, sondern auch eine körperliche, die sich – wie bereits angeführt – auf die Gesundheit auswirkt. Die Erschöpfung zieht uns körperlich hinunter, nimmt uns Lebensfreude und -qualität.

Erleben wir Grenzüberschreitungen, rufen wir die Schwester, den besten Freund, die Mama oder eine andere Vertrauensperson an und heulen uns über die widerfahrenen Ungerechtigkeiten aus. Üblicherweise, um den emotionalen Zustand wieder in Ordnung zu bringen. Die eigene Lebenswelt erträglicher zu machen. Was aber, wenn wir in einem System leben, das sich nicht so einfach wieder in Ordnung bringen lässt, uns immer wieder an den Rand der Verzweiflung, des Ausrastens, der Erschöpfung bringt? Vorausgesetzt, wir geben uns diesen Gefühlen des Zweifelns, der Wut, des Frusts hin und nehmen diesen Raum tatsächlich ein. Denn dieser Ort der Gefühle und vor allem der Wut steht nicht allen zu und offen. Und wenn wir uns dort befinden und aufhalten, ist das nächste Vorurteil, der nächste böse Blick von außen schon nicht mehr weit. Denn wütende Marginalisierte gelten als gefährlich, die man zu disziplinieren habe.

Michel Foucault beschreibt mit seinem Konzept des Panoptismus, dass wir uns zu einer Gesellschaft der Selbstdisziplinierung entwickelt haben. Wir haben gewisse erwünschte Verhaltensweisen, Normen so internalisiert, dass wir von außen nicht unbedingt einer Erinnerung bedürfen.[94]

Mir wurde als Schülerin oft gesagt, dass man, wenn ich ernst schaue, Angst vor mir bekomme. Von weißen Menschen. In der

Schule bekam ich zigmal die Rückmeldung, meine dunklen Augen würden so gefährlich wirken. Der Spruch *„Wenn Blicke töten könnten, dann deine!"* fiel mehr als einmal. Das prägte mich. Es gibt kaum ein Schulfoto oder sonst ein öffentliches Foto von mir, auf dem ich nicht lächle. Stimmt schon, ich lache und lächle gerne. Aber darum geht es nicht. Es geht vielmehr darum, was ich mir selbst verwehre, dass ich bemerke, wie ich zu lächeln beginne, sobald eine Kamera auf mich gerichtet ist oder ich in den Fokus des Scheinwerfers gerückt werde. Einen freundlichen Gesichtsausdruck bekomme. Das ist stark internalisiert, aber durch Reflexionsarbeit ist mir bewusst geworden, wie weit das zurückreicht. Dass ich nicht bedrohlich wirken will. Dass ich eine andere Gefühlslage mime, um Menschen Ängste vor mir und meinen dunklen Augen zu nehmen.

Wie anstrengend das ist, wurde mir vor einigen Monaten vor Augen geführt. Ich wurde angefragt, im Theaterkollektiv „Hybrid" in Kooperation mit dem Werk X-Petersplatz von Alireza Danayaev eine Rolle in einer Performance mit dem Titel „Asyl Tribunal" zu spielen. Im Theaterstück wird die Republik angeklagt, es handelt sich um einen Prozess mit realen, aber nachgespielten Fällen. Das Konzept überzeugte mich: ein öffentliches Theaterstück, in dem mitten am Judenplatz, im Herzen Wiens, die Republik Österreich aufgrund von Verfehlungen angeklagt wird. Ich spielte eine der fünf Richterinnen. Es war bewusst ausschließlich weiblich besetzt. Denn in der Realität ist dieser Beruf sehr männlich dominiert. In der Vorbereitung sagte uns Alireza des Öfteren, wir sollten ernst schauen, die Haltung von Richter:innen annehmen, ganz entspannt sein, im „Dir-gehört-die-Welt-Style" spielen. Ich spielte diese Rolle mit Genuss, vor allem den ernsten Gesichtsausdruck. Es tat so gut, nicht lächeln zu müssen. Nicht zu lachen für irgendjemanden da draußen. Einfach zum Inhalt passend eine gewisse Ernsthaftigkeit an den Tag zu legen. Es hatte etwas Befreiendes und rückte mir eindringlich vor Augen, wie sehr sich Fremdbilder in unsere Körper, unsere Mimik, unsere Gestik eingeschrieben haben. Das legt man nicht von heute auf morgen ab.

EINGESCHRIEBENE GESCHICHTEN

Lalitha Chamakalayil reflektiert in einem Artikel, wie sie als 14- oder 15-Jährige einer Freundin beim Rauchen im Schulhof auf die Frage *„Wie ist es denn so in Indien?"* antwortete: *„Also sehr heiß ist es. Du kannst dir nicht vorstellen, wie heiß. Also, wenn die Frauen mit ihren Wasserkrügen zum Brunnen laufen, dann ist es echt so, dass es so heiß ist, dass das Wasser zur Hälfte verdunstet ist, bis sie zu Hause sind, und sie dann wieder loslaufen müssen."*

Die Freundin kann das nicht ganz ernst nehmen, lacht darüber. Erst durch das Anzweifeln bemerkt Lalitha zwei Sachen: erstens, die Geschichte, die sie seit der Grundschule so erzählt, braucht dringend ein Update für die neue Altersgruppe, und zweitens, wie sehr sich diese Geschichte, die so gar nichts mit ihren Erfahrungen in Indien zu tun hatte, in ihren Braunen Körper eingeschrieben hatte. Aber sehr wohl mit den Fremdbildern, die über Indien in Deutschland kursieren.

Der Migrationsforscher Mark Terkessidis hat vor Jahren eine Fachtagung im Wiener Rathaus eröffnet. Ein Satz aus seinem Vortrag ist mir stark in Erinnerung geblieben: *„Die Kinder kommen türkischer heim, als sie in die Schule gehen"*, wie ihm ein deutscher Vater mit türkischen Wurzeln über seine Kinder erzählte. Die Lehrenden und Schulkolleg:innen würden so oft seine Kinder befragen, wenn es um die Türkei ging, egal ob im Geografie-, Darstellende Geometrie- oder im Deutsch-Unterricht, selbst beim Turnen. Sie waren noch Kinder. So viel Kenntnis konnten sie noch gar nicht besitzen, abgesehen davon, dass sie auf einmal einen Expert:innenstatus verpasst bekamen, der ihnen aber in vielen anderen Bereichen sofort wieder abgesprochen oder nicht zugestanden wurde. Jede Antwort, die sie gaben, wurde auch umgehend hinterfragt. Sie waren überfordert und es stellte eine immense Last dar, nicht zu wissen, was sie am nächsten Tag in der Schule erwartete. Die Fragereien und Anfeindungen lösten etwas aus: Die Kinder begannen, sich immer mehr mit dem zu identifizieren, wo sie von außen hingeschoben und verortet wurden.

Die Aussage des Vaters lässt sich auch leicht auf andere Marginalisierte anwenden. Muslimische Frauen kommen ebenso muslimischer heim, als sie in die Gesellschaft hinausgingen. Das dominante Bild der Muslimin ist so wirkmächtig, dass es eine Auseinandersetzung braucht beziehungsweise man fast schon dazu genötigt wird, sich mehr mit den Fremdbildern und auch der eigenen Religion auseinanderzusetzen.

Man wird in ein bestimmtes Bild gesperrt. Was folgt, ist ein Hamsterrad: ständig reagieren, statt proaktiv selbstbestimmt Themen setzen zu können.

Welches Bild wird uns gesellschaftlich vermittelt? Sei du selbst! Was auch immer das heißen mag. Menschen sollen sie selbst sein, schimpfen, lachen, wütend sein, Gefühle zeigen. *Authentisch* sein. Sich selbst entdecken, sich selbst lieben, sich selbst verwirklichen. Aber gilt das für alle? Können tatsächlich alle Menschen gleichermaßen öffentlich ihre Gefühle zeigen? Was, wenn eine muslimische Mama in der U-Bahn mit ihrem Kind schimpft? Dann schimpft da *„der Islam"* und nicht eine gestresste Mama. Dann machen alle Musliminnen diese Verfehlung gleich mit. Im Kollektiv. Weißen wird Emotion als Individuum zugestanden, Marginalisierten hingegen nur im Kollektiv. Wenn eine Muslimin wütend auf etwas reagiert, dann alle zusammen - so seien sie halt, „die Musliminnen". So sei das in „deren Kultur" üblich.

Die Landkarte der Emotionen gilt dann nicht mehr individuell, sondern nur im Kollektiv. Dann wird die individuelle Landkarte zu DER kollektiven. Dann erkennt man die Landkarte nicht mehr und seine eigene Position unter den Koordinaten ebenso wenig.

PRIVILEGIENCHECK!

> *„When we're not hungry for justice, it's usually because we're too full with privilege."*
> (Carlos A. Rodríguez)

Es ist ein Privileg, wenn Gefühle individuell aufgefasst werden und nicht stellvertretend für andere, denen dieselben Differenzmerkmale wie einer:m selbst zugewiesen werden. Privilegien sind *nicht* immer sichtbar, darüber zu sprechen bedeutet, aufzuzeigen, womit Weiße *nicht* zu kämpfen haben, aber BIPoC sehr wohl.

Für die Wissenschaftlerin Sara Ahmed bedeutet privilegiert zu sein, einen geringeren Energieaufwand zu haben. *„I think of social privilege as an energy saving device: less effort is required to pass through."* Privilegierte bewegen sich einfacher und mit weniger Energieaufwand durch Institutionen, durch Räume, durch die Gesellschaft. Es gibt weniger Hindernisse. Wenn Marginalisierte diese Hürden überwinden wollen, kostet sie das viel Kraft. Das zu beobachten, dass Weiße einfach durchmarschieren,[95] ist schmerzhaft.

Eine bekannte Übung im Antirassismus-Training zu Privilegien basiert auf fast 50 Fragen, die zeigen, an welchem Ort man gesellschaftlich und in der Hierachieskala steht. Nach jeder Frage geht man je nach Antwort einen Schritt nach vorn oder zurück. Bist du mit deinen Eltern ins Theater, in ein Museum oder in eine Kunstausstellung gegangen, gehst du einen Schritt vor. War Deutsch die Erstsprache in deinem Familienhaushalt, wieder ein Schritt nach vorn. Erfährst du aufgrund deiner Kleidung Benachteiligung und stößt auf Verbote wie aufgrund des Tragens des Hijabs? Ein Schritt zurück. Wirst du aufgrund deiner Hautfarbe diskriminiert? Ein Schritt zurück. Wie ein Navigationssystem lotst dich eine Frage nach der anderen durch den Raum beziehungsweise durch die Gesellschaft. Stehen wir mit dem Rücken an der Wand – als weniger Privilegierte –, dann ist das durchaus ein Ort, der Emotionen wie Wut, Trauer, Scham und Niedergeschlagenheit hervorruft. Und gleichzeitig ist man mit dem Rücken an der Wand in einer Position, wo man genau sieht, wie alle anderen mit mehr Privilegien sich leichter fort- und vorwärtsbewegen. Ein Platzwechsel, ein Ortswechsel erfordert für die Bevorteilten weniger Energieaufwand. Das ist kräftezehrend für die Marginalisierten. Man ist intellektuell fähig, hat die Kompetenzen, aber wird gesellschaftlich zurückgehalten.

Eine Schwarze Muslimin sagte nach dieser Übung zur Gruppenleiterin: *„Ich habe mich keinen einzigen Schritt nach vorn bewegt. Als Frau, als Schwarze, als Muslimin erfahre ich genug Sexismus, anti-Schwarzen und antimuslimischen Rassismus. Ich komme auch aus einer bildungsfernen Schicht. Meine Eltern waren bis heute nicht in einem Museum. Aber hätten Sie nicht wenigstens eine Frage so stellen können, damit ich einen Schritt nach vorn hätte gehen können?"* Tatsächlich, bei der gesamten Übung kam sie nicht vom Fleck beziehungsweise nicht einen Schritt nach vorn. Emotionen wie Trauer, Scham kamen in ihr hoch. Sie wusste um ihren Selbstwert, um ihre Kreativität, um ihr Engagement, aber dennoch waren da so viele schmerzhafte Erfahrungen. Einfach zu existieren kostet die Schwarze Muslimin viel und wird oft zum Kampf. Statt eines Lebens ist es ein Überleben.

Sich aus der Perspektive des Patriarchats, der Klischees zu betrachten, das erschöpft, ist frustrierend und nimmt Energie. Es gibt ein gewisses Energiekontingent. Menschen können uns Energie geben oder rauben. Energie kann durch Sport zum Beispiel in positive umgewandelt werden. Aber wir können unserer Energie auch beraubt werden, durch institutionellen, strukturellen sowie Alltags-Rassismus. Als abweichend benannt zu werden, kategorisiert, gedeutet, diszipliniert zu werden, all das ist ermüdend. Dagegenzuhalten ebenso, wie bereits ausgeführt.

Es tut weh, finanziell, intellektuell, spirituell klein gehalten zu werden. Samia Aden beschreibt dieses Phänomen anhand eines Gesprächs mit einer Aktivistin, die im Empowerment- und Bildungskontext arbeitet. Sie bleibt allerdings in der Veröffentlichung des Gesprächs anonym, weil sie Sorge hat, noch mehr an den *„Rand der Gesellschaft gedrängt"* zu werden, wenn sie *„Unsichtbares sichtbar"* macht. Sie wird im Gespräch unter dem Pseudonym Sarah A. angeführt. Wenn man versucht, unsichtbare Vorteile sichtbar zu machen, verfallen Privilegierte sehr schnell in eine Abwehrhaltung und es kann durchaus negative Konsequenzen für die Kritisierenden haben.[96] Für Privilegierte bedeutet Veränderung oft den Verlust der eigenen privilegierten Position. Dann stellen sich folgende Fragen für Privilegierte: „Heißt das, dass ich in meinen Rechten beschnitten werde? Heißt das, ich habe Einbußen in meinen Ressourcen zu erleiden?“

> *„When you're accustomed to privilege, equality feels like oppression.“*[97]

Kritik kann zur Marginalisierung führen, wie Sarah A. zu berichten weiß. Immer zu denselben Themen befragt zu werden, stellt keine intellektuelle Herausforderung dar. Bei Sarah wird als Referentin erwartet, dass sie über FGM (female genital mutilation), also weibliche Genitalverstümmelung spricht, stets auf Honorarbasis, und man begegnet ihr mit der Haltung, sie solle dankbar sein, dass man überhaupt an sie denkt und ihr eine Sprechposition gewährt.

> *„Warum wird Sarah A. nicht angefragt, über Rassismus, rechtliche Repressionen und intersektionale Diskriminierungen zu sprechen? Warum wird sie nicht angefragt, selbst eine Konferenz und ihre Inhalte zu gestalten und warum werden ihr keine Mittel dafür zur Verfügung gestellt? Warum sitzt sie nicht selbst als Asylentscheider*in beim BAMF*[98]*, warum aber soll sie dolmetschen? Warum leitet sie nicht selbst ein Mädchen*- und/oder Frauen*haus?“*[99]

Ihr wird eine bestimmte Position zugewiesen, mit spezifischen Themen. Diversität ist in aller Munde, aber eine bestimmte Form der Vielfalt ist damit gemeint. Oben an der Spitze ist es nach wie vor der alte, weiße Mann, der den CEO stellt. Alle versuchen, verschiedene Diversity-Kriterien zu erfüllen, aber wie viel Sichtbarkeit ist tatsächlich erwünscht? Wie viel ist erlaubt, wenn wir an die Erlaubnis des EuGH denken, der den gesetzlichen Rahmen vorgibt, Kopftuch am Arbeitsplatz zu verbieten? Wenn wir die Besetzung der verschiedenen Posten betrachten, wer bekleidet die Vorstände, wer den Direktor:innenposten an den Schulen? Wie sehen die Lehrer:innenzimmer aus? Wer sind die Richter:innen? Wem begegnet man in den Ämtern? Wer hat die Entscheidungsmacht und wer ist auf der anderen Seite zu finden?

„DIE ÜBERFLIEGER:INNEN“

> *„It is tiring, all that whiteness.“*
> (Sara Ahmed)

„Work hard!“, dann schaffst auch du es ganz nach oben, das ist die Parole. Aber Unterprivilegierte müssen doppelt und dreimal so viel leisten, um auch nur für halb so gut gehalten zu werden. „Work hard!“ – das machen Marginalisierte ohnehin bereits – und trotzdem ist es offenbar zu wenig. Wenn man nicht von Rassismus, Sexismus und Diskriminierung betroffen ist, und sich damit nicht bewusst beschäftigt, dann sieht man auch nicht, dass eben nicht alle alles schaffen können. Das kann dann zu der gefährlichen Schlussfolgerung führen, dass die anderen selbst schuld seien, wenn sie nicht wirksam werden und sich nicht verwirklichen können. Aus dieser Perspektive scheitert allein das Individuum. Und das ist ein sehr privilegierter Zugang zur Selbstwirksamkeit.

Wie viele Marginalisierte, die an den Rand der Gesellschaft gedrängt werden, sind Überflieger:innen, leisten Unglaubliches? Sie haben Top-Ausbildungen, mehrfache Abschlüsse, übersetzen für ihre Groß-/Eltern, pflegen Familienangehörige. Und geben oft doppelt und dreimal so viel, um zu sein. Um sich einen Platz im Job, in der Bildung, an der Uni, in der Gesellschaft zu sichern und kämpfen obendrein noch gegen Ausgrenzung.

Die Juristin Malika Mansouri beschreibt in ihrem Beitrag *„Postkoloniale Interventionen in der Rechtswissenschaft – ein Plädoyer fürs Recht“*, wie ein weißer Rechtswissenschaftsprofessor beim Korrigieren der Studierendenarbeiten Folgendes kommentiert: *„Ja ja, die beste Hausarbeit ist von einem Kopftuch.“* Was hat es die Studentin alles gekostet, diesen Platz zu haben und halten, wie viel direkte und indirekte Kommentare musste sie ertragen. Wie viel muss sie geben, um als *„die beste Hausarbeit“* gewertet zu werden. Und dann ist es nicht einfach *„die beste Hausarbeit“* der Studiengruppe, sondern reduziert auf ein Differenzmerkmal, das als Fremdmarkierung dient. Alles zu geben, sein Bestes zu geben, ist ein enormer Kraftakt.

Die Jungen also als „Überflieger:innen", und die Alten erschöpft.

Wer schreibt über die Erschöpfung der Gastarbeiter:innen? Über die müden Herzen und Hände, die dieses Land (wieder) aufgebaut haben? Alles gegeben haben. Viele Freund:innen erzählen mir, wie müde ihre Groß-/Eltern sind. Je mehr man in die Tiefe geht, umso öfter hört man auch, wie viele Schlafprobleme diese Generation hat. Ihr Schlaf – ihre persönliche Zeit der Erholung – ist massiv gestört und beeinträchtigt. Viele aus der Elterngeneration sind müde, schlaflos.

Erschöpfung lässt sich nicht individuell begrenzen und eindämmen. Erschöpfung ist Entfremdung, wie Franziska Schutzbach in ihrem Buch *„Wider die weibliche Verfügbarkeit. Die Erschöpfung der Frauen"* ausführt. Erschöpft sein heißt, sich selbst fremd zu sein beziehungsweise zu werden. Es ist ein laufender Prozess. Man entfernt sich immer mehr von dem, was man eigentlich will. Weil man so lange die eigenen Bedürfnisse ignoriert oder jene der anderen gestillt hat.

Wie kommen wir aus dem wieder heraus, aus einem Zustand der Erschöpfung, der sich aus Wut, Frustration, Trauer, Scham und Verzweiflung speist? Es ist eine Reaktion auf ein krankmachendes System. Das bei jenen, die aktiv dagegen angehen, teilweise in einem *activist burnout* mündet.

Pausen helfen. Darauf möchte ich im nächsten Abschnitt detaillierter eingehen. Die Möglichkeit einer kollektiven Pause gab es während der Corona-Pandemie ab 2020. Menschen mussten ihre Arbeit ruhen lassen oder aber anders organisieren, zig Projekte wurden abgesagt, Reisen und Konferenzen storniert, Kindergärten und Schulen machten dicht. Jene, die weitermachten und arbeiteten, waren jene, die ohnehin schon viel leisten. Die, die als systemrelevant gelten. Da mussten auf einmal alle mit anpacken. Da war es großartig, wenn alle mitmachten. Egal, welche Differenzmerkmale die Menschen aufwiesen. Denn in Zeiten der Krise wird das sichtbar, was zählt und was nicht. Doch dieser Zustand hielt nicht lange an.

CORONA & EMOTIONEN

Die Phase der Corona-Pandemie brachte viele Herausforderungen mit sich: für die Menschen, die Wirtschaft, den Arbeitsmarkt, Geflüchtete, Industrie, Medizin.

Auf so vielen Ebenen wurden unsere Welt und die Art und Weise, wie sie funktionierte, durcheinandergewirbelt. Es kam plötzlich viel Stillstand und Stille hinein. Sehr ungewohnt. Auf emotionaler Ebene war es für viele Menschen schwer. In einer Studie[100] wurde festgestellt, dass es zu einer Verschiebung der Gefühlslage kam. Während vor Corona als Hauptemotion „calm"/ Ruhe angegeben war, wurde mit Corona das Gefühl abgelöst von „anxious"/ Angstzustände/Unsicherheit. Optimismus rutschte vom zweiten Platz an die letzte Stelle und wurde von „exhausted"/Erschöpfung ersetzt.

Diese Pause war emotional herausfordernd, gewohnte Sicherheiten waren plötzlich nicht mehr gegeben. Das Problem ist vor allem, dass viele von jenen, die eine Pause hatten, auch nicht wussten, wie sie mit dieser Pause umgehen sollten.

Wir sind Kinder unserer Zeit, Kinder dieser Gesellschaft. Und der Geist dieser Gesellschaft ist durch und durch vom Leistungsgedanken geprägt. Die Pause schlug schnell in eine Zeit um, die genutzt wurde, genutzt zu werden hatte: Wir befanden uns plötzlich in einer Pandemie der Selbstoptimierung. „Glow up" war auf Social Media als neuer Trend zu finden. Das erzeugt Stress, wenn wir abnehmen, uns optimieren, selbst disziplinieren sollen, statt uns mit der Krise zu beschäftigen.

In einer sogenannten Leistungsgesellschaft ist es schon ohne Pandemie schwer genug, zwischen Erholung und Arbeit eine Balance zu finden und zu halten. Uns wird skurrilerweise suggeriert, uns einen Job zu suchen, der zugleich erholend ist. Wir werden darauf getrimmt zu leisten, zu produzieren und alles zu geben. So sehr, dass wir uns schlecht fühlen, wenn wir uns krankmelden, daheim bleiben, um uns auszukurieren. Oder wenn wir mal ausspannen, „faulenzen", nichts tun, dann kommt dieses Gefühl hoch, uns nutzlos zu fühlen, weil wir so sehr darauf ausgerichtet sind, zu funktionieren, produktiv zu sein. Egal, wie es uns gerade geht. So kommen wir uns bei einem Ausfall oder „Herunterschrauben“ zum Erholen wertlos vor, weil unser „Wert“ mit Leistung verknüpft ist. Erst die Arbeit gibt uns einen Wert, wie eine Berechtigung, hier sein zu dürfen, einfach sein zu dürfen. Das ist hochgefährlich und treibt uns immer mehr in einer Ausbeutungs- und Erschöpfungsspirale. Erschöpfung fühlt sich in einer Gesellschaft der Produktivität wie Totalversagen an. Kommt dann plötzlich eine Pause wie die Corona-Pandemie, gerät die Phase zu einer Pandemie der Selbstoptimierung. Nicht einmal in der Pandemie konnte man entspannen... Das Leistungssubjekt beginnt sich selbst auszubeuten.

Wir finden nur dann zu einem Gefühl der Erfüllung, wenn wir nützlich sind. So haben wir es gelernt und verinnerlicht. Können wir überhaupt runterschrauben? Abschalten?

Von mündigen zu müden Bürger:innen Was bedeutet das für eine Demokratie, für die Gesellschaft, wenn wir alle ausgepowert sind?

CORONA-PANDEMIE FÜR MARGINALISIERTE

Für Marginalisierte gab es tatsächlich ein Aufatmen. Eine Pause, die allerdings nur kurz währte. Die Corona-Pandemie hat für einen Hauch einer Abwechslung gesorgt, weil sich Fernsehdiskussionen plötzlich der Gesundheitspolitik widmeten, statt der zig Debatten und politischen Forderungen rund um Kopftuchverbot an Schulen, Muslim:innen hier, „Islam“ dort. Während der Pandemie waren die vielen Stimmen plötzlich verstummt. Nicht direkt verstummt, vielmehr beschäftigt mit der gesundheitlichen Lage und der neuen Herausforderung. Was das für Marginalisierte bedeutete? Eine (ungeplante) Pause. Aufwachen und Medien lesen in dem Wissen, jetzt kommt mal keine neue Forderung, die auf die Einschränkung der Lebensrealität abzielt, auf den Körper. Aufatmen. Etwas Abstand gewinnen.

Gänzlich von rassistischem Content blieben wir nicht verschont. Über das Virus wurde anti-asiatisch berichtet. Die asiatische Community hat deshalb viel an Hass und Ausgrenzung erfahren. Erst kürzlich erzählte eine Schülerin, ihr Lehrer meinte, China habe bewusst Informationen zum Virus zurückgehalten. Natürlich hat das Auswirkungen auf Menschen, die dort verortet werden.

Weiters wurde zum Beispiel die Aussage des damaligen Bundesparteiobmanns der FPÖ, Norbert Hofer berichtet, wonach der Koran gefährlicher als das Corona-Virus sei - ein Virus, das zig Millionen Opfer weltweit gefordert hat!

Nicht zu vergessen sind die vielen Beiträge in Medien über Corona-Verweiger:innen oder das Nichteinhalten der gesetzlichen Maßnahmen, die mit Bildern von Muslim:innen und Moscheen untermauert wurden. Wie oft wurde der Wunsch an Medien herangetragen, Muslim:innen (aus Gründen der Inklusion) medial zu repräsentieren. Im Rahmen der Corona-Berichterstattung war es auf einmal eine Selbstverständlichkeit, leider im negativen Kontext.

Von einer Rassismuspause also leider kaum eine Spur, und wenn, dann nur zu Beginn. Zu Beginn der Pandemie war das Reisen und Urlauben großteils nicht möglich beziehungsweise massiv eingeschränkt. Daher fanden Urlaube primär im Inland statt. Die Regierung hat das Urlauben in Österreich beispielsweise sehr forciert, allerdings wurde hier die Komponente des Rassismus für viele BIPoC nicht mitbedacht. Die meisten weißen Menschen können im Urlaub einfach abschalten. Das ist ein echtes Privileg, das vielen nicht bewusst ist. Wenn du Urlaub buchst, dann schaust du vielleicht auf die Kosten und fragst dich: Bekomme ich auch was für mein Geld? Wo gibt's coole Ausflugsziele? Unsereiner muss noch so vieles andere mit einberechnen, um unangenehme Erfahrungen auszuschließen. Ich mache mich vorher bei Freund:innen oder Familie schlau. Ich frage, welche Herbergen sie empfehlen können, erkundige mich, wie das mit dem Schwimmen mit Burkini im jeweiligen Bad ist - wie viel Energie das alles kostet! Also der Startpunkt, wo der Urlaub beginnt, ist schon ganz ein anderer. Mit dem Burkini gibt's zum Beispiel immer wieder Schwierigkeiten. Ich schwimme sehr gerne und weiß inzwischen, wo ich hingehen muss, damit mir nichts passiert. Das bedeutet aber auch, dass ich schon oft Erfahrungen mit Leuten gemacht habe, die komisch reagieren. Einmal waren wir schwimmen und der Bademeister hat uns rausgepfiffen und gemeint, dass „dieser Burkini“ so nicht passe. Es war aber rechtlich gesehen erlaubt, und genau das zählt auch zur Vorbereitung: dass du weißt, wo es keinen Konflikt mit dem geltenden Gesetz gibt. In Wien ist Schwimmen mit Burkini etwa erlaubt, in manchen Städten in Oberösterreich nicht. Dieser Bademeister hat uns erklärt, dass sich die Mehrheit der Badegäste gestört fühle – das Recht war aber offiziell auf unserer Seite. Wir mussten mit ihm diskutieren. Eine seiner Kolleginnen meinte dann: „Das ist voll okay, die dürfen das.“ Allein diese Diskussion zu führen war so unangenehm! Man geht ja schwimmen, um Sport zu machen oder zur Erholung. Im Urlaub hat niemand Lust auf Diskussionen. Man will einfach seine Ruhe haben.

Einige reisen gezielt ins Ausland, um sich solche Erfahrungen zu ersparen. Aber es gibt in Österreich so schöne Orte, da denke ich mir, dass ich mir das ungern nehmen lasse. Ich möchte hier genauso unbehelligt urlauben. Warum soll für mich das nicht möglich sein?

Die Corona-Pandemie hat ebenso klar gezeigt: Nicht die Maskierung per se ist das Problem, sondern die muslimisch konnotierte. Denn als die Maskenpflicht kam, war es auf einmal in Ordnung, das Gesicht zu bedecken. Da kam es dann durchaus zu sehr witzigen Situationen: Eine Bekannte war wie üblich im Supermarkt ihres Vertrauens einkaufen. Es war der Beginn der Pandemie, Masken wurden beim Eingang verteilt. Als sie kam, waren diese bereits aus, weitere sollten erst am nächsten Tag geliefert werden. Sie musste dennoch Lebensmittel kaufen. Also versuchte sie ihr Bestes, um im Geschäft Abstand zu den anderen zu halten. Ein Mann sprach sie schließlich an, ob sie denn nicht ihr Kopftuch vor das Gesicht ziehen könne. Sie traute ihren Ohren nicht. Ja, sie konnte und fand die Lösung selbst sehr praktisch. Aber dennoch war sie verdutzt ob des Vorschlags. Wie schnell sich die Zeiten ändern, dachte sie noch. Denn sonst war es ja eher ein Problem, wenn man sich bedeckte. Aber in dem Moment wurde das, was zuvor zum Problem hochstilisiert und polemisiert wurde, zum Teil der Lösung.

Die Stimmung hielt nicht lange an.

Im März 2021 wurde in der Schweiz mit 51,2 Prozent der Stimmen ein Verhüllungsverbot beschlossen. Dass dies genau in einer Zeit geschah, in der wir alle dazu angehalten waren, unser Gesicht zu bedecken, wirkt grotesk. Das Argument der Befürworter:innen, allen voran des sogenannten „Egerkinger Komitees“, das eine führende Rolle in der Entstehung der Volksinitiative zum Verhüllungsverbot einnahm: Es sei „bei uns“ nicht üblich, sich zu bedecken. Der Präsident des „Egerkinger Komitees“, Walter Wobmann, formulierte es im Schweizer TV folgendermaßen: *„In unserem Kulturkreis zeigt man sein Gesicht.“* Nicht das Bedecken des Körpers, der Haare und nicht zu vergessen des Gesichts seit der Corona-Pandemie ist das Problem, sondern das muslimisch konnotierte Verhüllen. Es ist ein aktiver Prozess der Grenzziehung, festzulegen, was erlaubt ist, was nicht und wie viel (religiöse) Sichtbarkeit genehm ist.

Die Pandemie offenbarte Schwachstellen, schränkte unsere Handlung ein, sie zeigte aber auch, dass ein anderes Leben, eine andere Gesellschaft nicht nur möglich, sondern vor allem machbar sind. Die Pandemie zeigt eine andere Wirklichkeit. Nämlich nicht in der Utopie, sondern gelebt. Wenn denn der politische Wille vorhanden wäre.

WAS MACHT ERSCHÖPFUNG MIT UNS?

Die Unterdrückung durch die Dominanzgesellschaft hat zur Folge, dass wir unser körperliches Befinden, unsere Emotionen und unsere Müdigkeit unterdrücken. Aber für wie lange? Wie lange, bis wir in eine Position gedrängt werden, wo man nicht mehr gut vorausdenken und vorausschauen können?

„‚Du bist so stark!‘ Ich weiß gar nicht mehr, wie oft [ich das zu hören bekomme]. Ich weiß aber, dass es mich noch immer jedes Mal wundert, irritiert und vielleicht sogar ein wenig ärgert. Ich bin doch nicht stark, möchte ich erwidern. Doch mir wird klar: Ich habe mich an die Blicke gewöhnt, an die Unterstellungen. Ich habe gelernt, mit ihnen umzu-

gehen, habe mir Antworten und Umgangsformen zurechtgelegt. Von klein auf habe ich trainieren müssen. Natürlich wirke ich stark, wenn ich Menschen mit Vorurteilen mit freundlichem, aber bestimmten Blick begegne und gelernt habe, ihnen nach zwei Minuten Unterhaltung ein Lächeln ins Gesicht zu zaubern. Ich habe ja jahrelange Erfahrung, ein solides Training. Jede von uns hat das gelernt. Sie muss es tun, um zu überleben, um nicht zu zerbrechen."
(Betül Ulusoy)

Aber was ist, wenn man nicht stark sein möchte? Nur müde und erschöpft und schwach und traurig, und sich diesem Gefühl hingeben will? Nicht reagieren, performen, abwehren, sondern kreieren, träumen, imaginieren? Nicht gegen etwas sein, sondern für etwas einstehen? Wenn sich eine Situation nicht ändern lässt, man nur eingeschränkte Mittel hat, kaum auf Resonanz stößt, wird der Mensch passiv und zieht sich zurück. Erschöpfungszustände werden zum Selbstschutz.

Was nimmt uns der Zustand der Erschöpfung? Unsere Handlungsmacht und Selbstwirksamkeit wird zunehmend eingeschränkt und kann nicht voll ausgeschöpft werden. Unsere Imagination wird gestört und beeinträchtigt. Träumen ist eine Form der Imagination. Das brauchen wir aber, um von einer anderen Welt zu träumen, um über eine andere Gesellschaft, ein anderes Leben nachzudenken. Dafür brauchen wir Kraft und Energie. Kreativität leidet, wenn wir erschöpft sind.

Erschöpfung ist eine Reaktion, um mit dem Druck umgehen zu können. Weil es zu viel ist. Wobei es ja oft gar nicht unbedingt ein nicht adäquater Umgang ist, sondern ein Zustand, der eine:n erschlägt. Der sich einstellt. Man wird in der Handlungsfähigkeit eingeschränkt. Wenn die Wut nicht gehört wird, die uns im Handeln ermächtigt, wird aus der Macht irgendwann ein Gefühl der Ohnmacht.

„Instead of praising people for being ‚resilient', change the systems that are making them vulnerable."[101]

(Muna Abdi)

ÜBER PAUSEN: EIN WEG AUS DER ERSCHÖPFUNG

Wenn erschöpft sein bedeutet, sich selbst fremd zu sein[102], heißt das im Umkehrschluss, dass dieser Zustand ein Ausdruck der Sehnsucht nach Verbindung mit sich selbst und mit anderen ist. Gesellschaftlich wird uns die Vorgabe vermittelt, stark, unabhängig, authentisch, individuell zu sein. Aber wo sind die kollektiven Räume für die Müdigkeit, für die Erschöpfung, für Emotionen wie Wut, Trauer, Scham, Frust, die nicht so schön anzusehen und vor allem zu vermarkten sind? Was machen wir mit dem Zustand der Erschöpfung, der sich aus Wut, Frustration, Trauer, Scham und Verzweiflung speist, die durch Ungerechtigkeiten hervorgerufen wurden? Die emotionale Landkarte ist überschattet vom Zustand der Erschöpfung. Die Ressourcen sind erschöpft. Unsere Handlungsmacht und Selbstwirksamkeit sind eingeschränkt. Wir erleben unser Wirken als eingeschränkt.

Erschöpfung zwingt uns in eine Position, aus der wir eine andere Perspektive gewinnen können. Was würde passieren, wenn wir dies einfach zuließen, uns dem hingäben, dieser Ermüdung? Das würde in eine Pause münden, in eine Haltung der Verweigerung des Status quo, des Nichts-Tuns wie bei Bartleby, dem Schreiber, der Figur aus einer Erzählung von Herman Melville.[103]

Bartleby ist ein schweigsamer Mann, der eine neue Arbeitsstelle in einer New Yorker Anwaltskanzlei in der geschäftigen Wall Street übernimmt. Zu Beginn ist er überaus fleißig, nach und nach verweigert er allerdings bestimmte Aufträge seines Chefs mit der simplen Aussage *„I would prefer not to"*. Das wird zu seiner Protestformel. Es geht so weit, dass sich diese Haltung auf jegliche Tätigkeit ausweitet und er am Ende gar nichts mehr tut. Seine Figur steht sinnbildlich für eine Arbeitsverweigerung, die ihm ein lebenswertes Leben verwehrt, letztlich also eine Lebensverweigerung.

Sich der Erschöpfung hinzugeben kann als passiver Widerstand verstanden werden. Bartleby will das ausbeuterische System nicht länger mit seiner Arbeitskraft und Energie unterstützen. Seine Verweigerungshaltung basiert auf Erschöpfung, das Nichts-Tun wird hier zu einer Form des Protests.

Wenn Wut nicht gehört, gesehen und ernst genommen wird, kann sich das in einer Protesthaltung, im Nichts-Tun manifestieren. Verhältnisse wurden geschaffen, in denen die Psyche und der Körper keinen anderen Ausweg finden, als nicht mehr zu reagieren. Länger anhaltende Erschöpfung signalisiert zunächst Ausweglosigkeit. Sara Ahmed setzt dieser in ihrem Buch „Complaint" die Hoffnung entgegen, da der Blick für andere Wege möglich wird. Erschöpfung kann also durchaus auch kreatives Potenzial beinhalten.

„I do not want to be strong. I want to rest."

Was, wenn wir uns öfters eine Pause gönnen, uns zwischendurch hinlegen? Unsere Augen schließen? Unseren Geist pausieren lassen? Gedanken einfach schweifen lassen? Welche andere Art des Sehens, Träumens, Imaginierens wird uns dann ermöglicht? Welche andere Art des Agierens?

Es entsteht eine gewisse Distanz zu unserer eigenen Lebenswirklichkeit, zu unseren Herausforderungen. Wenn wir uns ausruhen, wenn wir zur Ruhe kommen, ändert sich plötzlich auch unser Blick. Wir schaffen es, aus der Distanz zu beobachten und kommen durch die Ruhe zur Langsamkeit. Vielleicht kommt die Imagination wieder, wenn wir uns dem Erschöpfungszustand hingeben, wenn wir schlafen, uns ausruhen? Wenn man es sich denn erlaubt. Unsere Leistungsgesellschaft hat uns derart konditioniert, das Maximum aus uns herauszuholen, dass sich das Ausruhen tatsächlich wie ein Protest anfühlt.

Vor Jahren wurden mit der schlichten Namensangabe „Barbara" in Deutschland an verschiedenen Orten Sprüche plakatiert, die gesellschaftskritische Impulse setzten. Darunter war ein Plakat, das auch auf Facebook gepostet wurde, mit folgendem Statement:

> *„Chillen hat rein gar nichts mit Faulheit zu tun, sondern es ist ein friedlicher Protest gegen diese übertriebene Leistungsgesellschaft."*
> (Barbara)

Ein User kommentierte darunter, dass man das früher noch Müßiggang genannt habe. Ein Begriff, dem wir heute kaum mehr begegnen und wenn, dann nur schriftlich. Müßiggang bedeutet, sich von Pflichten auszuruhen, um zur Muße zu finden. Wie oft fällt nicht der Spruch „Höre auf deine innere Stimme"? Doch welche innere Stimme soll man hören, wenn die Intuition fehlt, weil man unter Schlafmangel, unter Zeitdruck, unter der Ökonomisierung, unter Ungerechtigkeit leidet?

Tricia Hersey von „Nap ministry" plädiert für Ruhe, Schlaf und Pausen als ein Recht, nicht als Privileg: *„Sleep deprivation is a racial and social justice and public health issue. Any kind of liberation/ freedom is going to be centered around rest."*

Für Audre Lorde ist *„self care [...] an act of political warfare"*. Was wir brauchen, seien Orte des Ausruhens.

Die Ärztin und Autorin Saundra Dalton-Smith hat in ihrem Buch *„Sacred Rest: Recover your Life, renew your Energy, restore your Sanity"*[104] verschiedene Formen des Ausruhens dargestellt. Wir sind komplexe Wesen mit verschiedenen Bedürfnissen. Nicht immer ist Schlaf die Lösung, um wieder zu frischer Energie zu kommen, uns wieder lebendig und als wir selbst zu fühlen.

Viele verwenden die Begriffe Schlaf und Ausruhen synonym. Aber wenn wir trotz ausreichendem Schlaf nicht erholt, nicht ausgeruht, sondern ausgelaugt sind, dann vielleicht deshalb, weil andere Bedürfnisse unseres Seins nicht adäquat gestillt worden sind?

Dalton-Smith beschreibt eine Phase des Burnouts in ihrem Leben, die sie mit einer zusätzlichen Stunde Schlaf nicht bewältigen konnte. Es hatte für sie persönlich auch viel mit dem Thema Grenzen setzen zu tun, beziehungsweise mit ihrer Schwierigkeit Grenzen zu setzen, als eine Mutter von zwei kleinen Kindern, als Ärztin im Vollzeitjob, in der Forschung und als Autorin.

Bei Ausgrenzung passiert Ähnliches: Jemand anderer zieht meine Grenzen; Kompetenzen, Ausbildung, Können, Sein werden begrenzt und ausgegrenzt. Das alles zusätzlich zu den Herausforderungen, die das Leben in einem neoliberalen System auch ohne Rassismus bereithält.

Trotz gezielten Schlafs wurde Dalton-Smith ihren Zustand der Erschöpfung nicht los. Also begann sie, sich näher mit ihrer Müdigkeit, aber auch der ihrer Patient:innen auseinanderzusetzen. Es kristallisierten sich in ihrer zehnjährigen Forschungsarbeit sieben verschiedene Formen heraus, die sie aus den Gesprächen, Untersuchungen und Anamnesen mit ihren Patient:innen herausfilterte. Es handelte sich um folgende Formen des Ausruhens und der Pause:

Physisch/körperlich, mental, spirituell, emotional, sozial, sensorisch und kreativ. Jede Form ist spezifisch und deckt einen bestimmten Bereich ab.

1. PAUSE FÜR DEN KÖRPER[105]

Es gibt verschiedene Formen der Erholung, aktiv und passiv. Passiv heißt, sich hinzulegen, zu schlafen, einen Mittagsschlaf zu machen. Im Schlaf betreten wir eine andere Welt. Eine Traumwelt. Wir schaffen eine Distanz zum Erlebten, zu unserer Umgebung und haben die Möglichkeit zu verarbeiten, ob bewusst oder unbewusst. Aktiv Erholung ist gezielte Bewegung, die dem Körper guttut: Sport, Massagen, die Neu/Ausrichtung des Arbeitsplatzes, der es unserem Körper erlaubt, schonend mit ihm umzugehen, das Beste aus ihm herauszuholen (nicht in einem ausbeuterischen, sondern in einem wohlwollenden, wertschätzenden Sinne).

In der islamischen Tradition gibt es die prophylaktische Empfehlung einer „qailula“: sich mittags für circa 20–30 Minuten auszuruhen, um Kraft zu sammeln.

Ebenso ist es im Wochenbett nach der Geburt in vielen muslimisch geprägten Kulturen üblich, dass Gebärende sich 40 Tage ausruhen und versorgen lassen, um wieder zu Kräften zu kommen. Die Mutter wird versorgt, bekocht, mit Kräutern umsorgt. In den westlichen Gesellschaften ist das eher unüblich. Da soll die frischgebackene Mutter nach kurzer Zeit wieder einsatzbereit sein. Die Kultur des Ausruhens, Zur-Ruhe-Kommens, der Erholung ist so weit entfernt von uns, dass man es sich nicht einmal in den verletzlichsten Momenten gönnt, nämlich dann, wenn der Körper neues Leben hervorbringt.

Es gibt bei uns zwar die Mutterschutz-Regelung, die rechtlich greift. Das bedeutet jedoch nicht, dass das gesellschaftliche und individuelle Verständnis davon, zur Ruhe zu kommen, sich versorgen zu lassen, besonders ausgeprägt ist.

2. MENTALE PAUSE

In einer Welt, die uns permanent beschäftigt, in Echtzeit via Handy informiert, ist es schwer abzuschalten. Unser Kopf ist ohnehin schon voll mit Gedanken, die man schwer ausblenden kann. Versuchen Sie es mal mit Meditation, und sie werden merken, wie die Gedanken rasen. Ein Defizit im mentalen Bereich zeigt sich an einer verringerten Konzentrationsfähigkeit, wir sind auf dem Weg in einen anderen Raum, haben aber bis dorthin vergessen, was wir von dort wollten, haben ein Tab offen am Laptop, nehmen kurz das Handy in die Hand, wissen im nächsten Moment nicht mehr, was wir eigentlich nachschauen wollten. Das lässt sich auf das Einkaufen erweitern und auf viele andere kleine Episoden des Alltagslebens. Und nein, es lässt sich nicht so einfach mit dem Argument der Alterserscheinungen abtun. Wenn, dann ist es vielmehr eine Begleiterscheinung unseres Zeitalters.

3. SOZIALE PAUSE

Wir alle haben ein begrenztes Reservoir an Energie. Soziale Interaktion kann diese verringern oder vermehren. Soziales Ausruhen bedeutet, man ist mit Menschen umgeben, die einem Energie geben, einen anspornen, kräftigen und in Schwung bringen. Das Problem im Zusammenleben mit Menschen ist, dass es viele Anforderungen von außen gibt, die wir zu erfüllen haben oder denen wir versuchen, gerecht zu werden. Das nimmt uns Energie. Zu viel Fremdbestimmung minimiert unsere Handlungsoptionen und Wahlfreiheit.

Oftmals wird diese Form auch mit der sozialen Batterie verglichen: mitten in einer Veranstaltung kann diese leer sein, wenn man zu viele Interaktionen hatte. Es kann aber im Gegensatz dazu auch sein, dass man durch soziale Interaktionen an Energie und Frische gewinnt. Dalton-Smith empfiehlt, das für sich selbst zu evaluieren, inwiefern bestimmte Menschen einem Energie geben oder aber nehmen.

4. SPIRITUELLE PAUSE

Ich glaube, diese Form der Pause ist etwas schwer zu fassen. Wir sind es gewöhnt, körperliche Beschwerden zu benennen, seelische weniger. Dazu fehlt uns oftmals das Vokabular, das gesellschaftliche Bewusstsein. Unsere Seele hat ebenso Bedürfnisse wie der Körper, werden diese ignoriert, kann das in einer Erschöpfung und Ermüdung resultieren. Vor allem im Kampf gegen Ungerechtigkeit, gegen Ausbeutung, gegen Marginalisierung habe ich die Erfahrung gemacht, dass auf Spiritualität eher verzichtet wird beziehungsweise dieser weniger Aufmerksamkeit geschenkt wird. Spirituelle Pausen sind aber notwendig, der Tank gehört auch hier gefüllt. Wie das geschieht, ist individuell verschieden zu beantworten. Dalton-Smith erläutert, dass hier vor allem das Zugehörigkeitsgefühl das Fundament darstellt. Wir brauchen das Gefühl, zu etwas großem Ganzen dazuzugehören. Liebe, Akzeptanz und Sinn gehören zu den spirituellen Bereichen.

Der Philosoph, Politologe und Islamwissenschaftler Omid Safi mahnt in seinem Blogeintrag „the disease of being busy“ (Die

Krankheit des Beschäftigtseins), dass wir nicht vergessen sollen, dass wir ,human *beings*' und nicht ,human *doings*' sind. Wir Menschen brauchen Zeit, Raum für Gespräche, die sich nach und nach entfalten können, ohne Hast und Blick auf Endergebnisse. Gespräche, die auch dem Zustand unserer Herzen gewidmet sind, sich um spirituelle und seelische Bedürfnisse drehen. Omid Safi fragt: „How did we create a world in which we have more and more and more to do with less time for leisure, less time for reflection, less time for community, less time to just... be?"

Wenn in muslimisch geprägten Gesellschaften nach dem Wohlbefinden gefragt wird, fragt man im Arabischen: *„Kayf haal-ik?"*, auf Farsi: *„Haal-e shomaa chetoreh?"* Es wird nach dem „haal" gefragt. Dieses „haal" bezeichnet den Zustand unseres Herzens. Die Frage impliziert ein „wie es uns ,wirklich' geht", was unser Herz bewegt, beschäftigt, irritiert, stärkt.

> *„Put your hand on my arm, look me in the eye, and connect with me for one second. Tell me something about your heart and awaken my heart. Help me remember that I too am a full and complete human being, a human being who also craves a human touch."*
> (Omid Safi)

Es ist nicht die Frage nach der To-do-Liste, was noch alles ansteht, was erledigt werden muss. Die Frage nach dem Herzen bedeutet, kurz innezuhalten und sich zu überlegen, wie geht es mir tatsächlich heute? Was macht mich glücklich und was traurig? Was fehlt mir und was ist in Ordnung?

5. SENSORISCHE PAUSE

Sensorisch haben wir selten Pause, nonstop gibt es Geräusche, Licht, Reklamen, die blinken, Handys, die piepsen. Vor allem durch den Umschwung in die digitale Welt und zig Konferenzen, Sitzungen, Treffen, die online stattfinden, ist die Zeit am Display massiv gestiegen. Wenn wir dem überwiegend ausgesetzt sind, reagieren wir mit Gereiztheit, weil unsere Sinne überreizt sind. Wir haben bei

Interaktionen mit unseren Mitmenschen weniger Spielraum, wie wir reagieren wollen, sondern sind primär gereizt und unausgeglichen. Um gut in Verbindung treten zu können, hilft ein Abschalten: „disconnect to reconnect".

6. EMOTIONALE PAUSE

Wenn wir nicht so sein können, wie wir fühlen, unseren Gefühlen nicht Ausdruck verleihen können, wenn wir unsere Wut nicht oder nur reduziert zeigen dürfen, ist das ermüdend und erschöpfend. Wenn es keinen Ort gibt, an dem die Schwere zum Tragen kommt, wenn Gefühle nicht verbalisiert, nicht gezeigt werden, führt das zu Erschöpfungszuständen. Werden diese Gefühle unterdrückt, wird Schmerz nicht zugelassen, dann kann auch keine Heilung erfolgen. Wir verbiegen uns, sind nicht authentisch.

> *„Wer mit Ungeheuern kämpft, muß zusehn, daß er nicht dabei zum Ungeheuer wird. Und wenn du lange in einen Abgrund blickst, blickt der Abgrund auch in dich hinein."*[106]
> (Friedrich Nietzsche)

Unsere Energie wird ganz dafür aufgebraucht, zu reagieren, in einem vorgegebenen Rahmen eingeschränkt zu werden, sodass es durchaus vorkommen kann, dass man sich selbst vergisst. Die eigenen Emotionen, die eigenen Bedürfnisse und wir uns selbst fremd werden. Und im Hinblick auf den Kampf für eine antirassistische Welt, eine Welt, die schonend mit den Ressourcen der Natur und der Menschen umgeht, diese allen gleichberechtigt zur Verfügung stellt, darf dieser Kampf nicht so ausarten, dass man sich selbst verausgabt oder in eine Sprache verfällt, die unseren Anliegen widerspricht. Unser Herz gilt es hierbei zu schützen, unsere Spiritualität, unsere Energie.

7. KREATIVE PAUSE

Ob wir eine Pause für unsere Kreativität benötigen, zeigt sich, wenn unser innovatives Denken eingeschränkt ist. Wenn es uns schwerfällt, uns an den kleinen großen Dingen des Lebens zu erfreuen, wenn wir nicht mehr neugierig sind.

Um diesen Tank aufzufüllen, ist es wichtig, dem Spielerischen Raum in unserem Leben zu geben: zu tanzen, zu malen, in der Natur zu sein, zu kreieren, ohne ein Ziel oder eine Vorgabe zu erfüllen. In dem Bereich sein Defizit zu erkennen mag schwer sein, wenn wir uns selbst erst gar nicht als kreativ sehen. Wir müssen uns mit uns selbst auseinandersetzen und uns die Zeit geben, Pausen, die wir brauchen. Was diese Umstände der Gesellschaft mit uns machen.

> *„Eine reine Hektik bringt nichts Neues hervor. Sie reproduziert und beschleunigt das bereits Vorhandene."*
> (Byung-Chul Han)

Kreative Pausen sind eine Form des Erholens ohne Zweck, denn in unserer heutigen Zeit der Selbstoptimierung ist der primäre Grund, warum wir uns ausruhen, um die Kräfte zu regenerieren, um wieder startklar zu sein für eine weitere Runde des neoliberalen Systems. Muße zu finden bedeutet hingegen, wieder mit sich selbst in Verbindung zu treten, Inspiration zu finden, die eigene Stimme zu hören. Sich zu spüren. Die Wut zu spüren, und welche Kraft diese hat. Erschöpfung zwingt uns in eine andere Position. Nämlich in uns hinein. An einen ruhigen Ort. Da müssen wir wieder hinhören in einer Kultur der Stille, wie der Philosoph Peter Bieri beschreibt. Vielleicht hören wir dann sogar die Stimmen der Wütenden wieder? Unsere eigene Wut?

> *„Rage is the song of the silenced."*
> (Jennifer Mullan)

Hören, dass uns die Wut, die Rage, die Trauer etwas sagen. Die Emotion wieder als Hinweisgeberin eines Navigationssystems auffassen, das uns durch das Leben führt und zum guten Leben führen kann und darf.

We refuse to be
what you wanted us to be
we are what we are
and that's the way it's goin' to be.
You can't educate us,
with no equal opportunity.
Talkin' bout my freedom,
people's freedom and liberty.
(Bob Marley, Babylon System)

ABSPANN: ÜBER WUT

Zwei verschiedene Workshops, in denen ich mit Lehrkräften zum Themenkreis „Schüler:innen in einer vielfältigen Gesellschaft" arbeite: Im ersten Workshop klagt eine Lehrerin ihr Leid:

> *„Muslimische Mädels sind so goschert (Wienerisch für frech, aufmüpfig, Anm.). Ständig reden sie zurück und haben immer was zum Melden. Das hat wohl mit der fehlenden Erziehung zu Hause zu tun!"*

In einem anderen Workshop mit anderen Lehrenden dann folgende Meldung:

> *„Muslimische Mädels sind so schüchtern, schauen immer auf den Boden, trauen sich nix. Weil sie daheim so unterdrückt sind, nehm' ich mal an! Liegt wohl am Islam?!"*

Zwei konträre Meinungen, beide resultieren für die betroffenen Mädchen in Anweisungen ihrer Lehrer:innen: „Sei nicht so frech! Sei nicht so laut!", oder aber „Sei nicht so schüchtern! Trau' dich doch, was zu sagen!" Beides sind Vorgaben, wie die Mädchen sein sollen. Wie oft haben das Marginalisierte nicht schon erlebt? Wie oft wurde einer:m nicht gesagt, wie man sich zu verhalten, kleiden, sprechen, fühlen, zu sein habe!

Sei nicht so laut!
Sei nicht so wütend!
Sei nicht so empfindlich!
Sei nicht so hysterisch!
Sei nicht so abweisend!
Sei nicht so ernst!
Was bleibt, wenn wir die Attribute entfernen?
Sei nicht ~~so laut!~~
Sei nicht ~~so wütend!~~
Sei nicht ~~so empfindlich!~~
Sei nicht ~~so hysterisch!~~
Sei nicht ~~so abweisend!~~
Sei nicht ~~so ernst!~~
Was übrigbleibt, ist: Nichtsein!

Wie fühlt es sich an, zu einer Gruppe zu gehören, die unentwegt in den Medien vorkommt, die als Problem porträtiert wird? *„How does it feel to be a problem?"*, fragte W.E.B. Du Bois bereits 1903![107] Wie fühlt es sich an, zu einer Gruppe zu zählen, die einen beträchtlichen Teil der Tagespolitik ausmacht?

> *„Ich habe so eine Wut in mir. Seit ich zehn Jahre alt bin, habe ich diese Wut. Ich bin in Österreich geboren. Deutsch ist meine Sprache, aber ich habe so viel Ablehnung und Ausgrenzung erlebt. Ich bin so wütend und weiß nicht wohin mit meiner Wut! Ich bin sehr erfolgreich in meinem Beruf. Ich habe vieles erreicht. Aber diese Kränkungen, das wirkt. Diese Wut ist da. Denn kaum jemand macht das wieder gut."*

Das sagt mir eine Bekannte, als wir uns über meine Idee austauschen, eine emotionale Landkarte der Marginalisierten zu skizzieren. In vielen Gesprächen mit verschiedenen Menschen, Freund:innen, Bekannten, Studierenden, allesamt von Marginalisierung Betroffene, taucht die Emotion Wut auf. Sie ist markant und präsent.

Es ist ein Irrtum, anzunehmen, dass der Vorgang, als „Problem“ markiert und dementsprechend behandelt zu werden, keine Auswirkungen auf das Leben der Menschen hätte: auf ihr Selbstbild, auf ihre Identität, ihre Gefühle.

Auf diesen Missstand zu reagieren, kann einem Stillstand gleichkommen. Denn eine Reaktion mag sich im ersten Moment wie ein Fortschritt anfühlen, dabei ist das oft nur die Korrektur eines Rückschritts. In Österreich wurde zum Beispiel erfreulicherweise das Nullthema Kopftuchverbot in Kindergärten aufgehoben. Im französischen Grenoble ist das Burkiniverbot gefallen. Natürlich war das im ersten Moment Grund zur Freude. Aber die währte nur kurz. Denn wie viel Energie geht im Kampf gegen Ungerechtigkeit verloren? Und wie viel Fortschritt liegt darin, wenn ein ungerechter Zustand wieder aufgehoben wird? Malcolm X sagte 1964 im Rahmen eines TV-Interviews über Fortschritte der Bürgerrechtsbewegung:

> *„If you stick a knife in my back nine inches and pull it out six inches, there's no progress. If you pull it all the way out that's not progress. Progress is healing the wound that the blow made. And they haven't even pulled the knife out, much less heal the wound. They won't even admit the knife is there.“*[108]

„RASSISMUS IST DAS PROBLEM“

Einschneidende, wiederkehrende Erfahrungen mit Rassismus prägen uns, schreiben sich in unsere Biografien, Körper, Sprache ein. Nicht die Reaktion darauf, nicht die Wut ist das Problem, sondern die Ursache, die wiederkehrenden - unseren Frieden unterbrechenden - Rassismuserfahrungen sind das Problem. Diese schränken uns in allen Formen des Seins ein - ob als Kinder, als Schüler:innen, als Patient:innen, als Arbeitslose, als Großeltern, als Gäste, als Flüchtende, als Eltern, als Schwangere, als Akademiker:innen, als Radfahrende, als U-Bahnfahrende, als Zufußgehende, als Wohnungssuchende, als Studierende und, und, und ... Rassismus schränkt in allen Lebensbereichen und -lagen ein, reduziert, verzerrt unser Selbstbild, verhindert unseren Fortschritt.

Es gibt quasi kein Entkommen. Er durchdringt das ganze Leben, ist in allen Ebenen verankert, schreibt sich in Biografien ein. Wut ist hier eine legitime Reaktion auf so viel Ungerechtigkeit. Wut auf ein System des Patriarchats, das Menschen benachteiligt. Aber diese Wut wird wiederum sanktioniert – ihrer Wut darf sie keinen freien Lauf lassen. Und dieser Wut wird auch kein Raum gewährt. Jede Emotion bringt Aspekte unseres Seins hervor, wenn man diese verbietet, fehlt unser Menschsein.

Wenn die emotionale Landkarte Marginalisierter aufzeigt, dass Wut, Trauer, Scham markante Orte sind, dann ist es an der Zeit, diese Gefühle zu reclaimen, zurückzufordern! Wie viele Marginalisierte halten ihre Wut zurück, weil sie so konditioniert sind, dass diese Wut öffentlich keinen Platz hat, nicht sein darf, und weinen dann als Ventil zu Hause? Wir müssen uns Wut im öffentlichen Raum aneignen, dazu stehen und dürfen uns das Gefühl der Wut als ein Kraftzentrum nicht nehmen lassen, von dem Veränderung ausgehen kann.

> *„Wut unter Gleichgesinnten ist Antrieb zum Wandel, nicht zum Zerwürfnis; durch das Unbehagen und das Verlustgefühl, das sie manchmal auslöst, entwickeln wir uns weiter."*
> (Audre Lorde)

Lorde sieht in der Wut und dem Ausdruck dieser Emotion eine klärende Wirkung – sie zeigt auf, wer sich solidarisiert und wer sich gegen Veränderung stellt. Wut gibt somit Kraft für ein anderes Leben, eine andere Gesellschaft. Sie verbindet jene miteinander, die gegen Ungerechtigkeit vorgehen und wird zum Antrieb zu politischer Arbeit. Zur Solidarität, auch von Menschen, die nicht direkt betroffen sind von Rassismus, oder sogar von einem patriarchalen System profitieren. Hierfür gilt es, die „emotionale Segregation" zu überwinden. Angie Beeman hat diesen Begriff geprägt, der einen Mangel an Empathie von Weißen gegenüber BIPoC beschreibt. Emotionale Segregation wird durch Gesetze verstärkt. Wenn zum Beispiel die Regierung vorgibt, dass es verboten ist, Kopftuch zu tragen, oder wenn der EuGH es erlaubt, Kopftuch am Arbeitsplatz zu verbieten, dann übernehmen viele in der Dominanzgesellschaft diese Haltung und finden es legitim, dass Musliminnen einer Haarzeigepflicht ausgesetzt sind und nicht ermöglicht wird, dass sie selbst über ihre Kleidung bestimmen.

Die Dominanzgesellschaft versetzt sich nicht in Betroffene hinein und übersieht sowie ignoriert den Schmerz, der dadurch verursacht wird. Sich hier zu solidarisieren setzt eine Überwindung der menschengemachten Grenzen, Klischees und Diskriminierungen voraus.

Wenn Marginalisierte sich in ihrer Wut spüren, erleben und sehen, dass andere sie darin sehen und es anderen ähnlich geht, kann eine unheimliche Kraft für Veränderung daraus entstehen. Wenn man spürt, man ist nicht allein, sondern es ist durchaus berechtigt, dass man so fühlt und diesem Gefühl im gesellschaftspolitischen Raum Ausdruck verleiht - das gemeinsam benennt, was ist -, das kann sehr heilend sein. Es nicht kleinzureden. Es wahrzunehmen. Und nicht wegzuschieben.

WOHLWOLLENDER BLICK

Auf die Frage im Interview im Magazin „Zeit Campus“[109] an die österreichische Unternehmerin Madeleine Darya Alizadeh, warum sie für ADHS die Umdeutung ins Positive brauche und stattdessen den Begriff neurodivergent verwende, denn neurodivergent klinge mehr nach Stärke als nach Störung, antwortet sie sehr persönlich:

> *„Weil ich mich schäme. Das tue ich als Frau sowieso schon bei vielen Themen. Ich wüsste gar nicht, wie ich mich in einer Welt ausdrücken würde, in der ich keine Schuld und Scham empfinde für die Person, die ich bin.“*

Diese Antwort hat mich sehr berührt. Schuld und Scham sind zwei sehr starke Emotionen, die Marginalisierte belasten. Wir brauchen einen wohlwollenden Blick auf uns selbst. Auf unser Sein. Selbstliebe. Warum sollte man sich also nicht ein Wording wählen, das unser Sein positiv besetzt? Warum nicht Spiegel wählen, die uns als komplex Fühlende zeigen – in all unseren Facetten? Und unsere Wut nicht dämonisieren.

Emotionen sind Orte, an denen wir uns treffen können. An denen wir uns einladen können und aufzeigen, wo es wehtut, worüber wir traurig sind, wütend sind, was wir gern verändern würden. Sie sind Wegweiser. Wir brauchen einen konstruktiven Umgang mit diesen Emotionen, wir brauchen Mut, den Deckel anzuheben, Mut, die Wut zur Veränderung zu nutzen. Sie bringt uns ins Handeln, getragen von dem Wissen, dass ein anderes Leben, eine andere Gesellschaft möglich sind.

> *„I don't believe our world needs more positivity. I believe our world needs minds that are equipped to be with the complexity of life. Minds that can hold nuance and polarity. Minds that can stay grounded, centered, and open to the full range of what it means to be human."*[110]
> (Cory Muscara, Tweet)

All diese verschiedenen Facetten des Fühlens gilt es anzunehmen. Nicht, dass alles passen würde. Aber muss es das, damit wir Glück spüren? Ich denke, wir verbauen uns viele schöne Momente, wenn Zwischensequenzen unserer Emotionen wie Glück, Dankbarkeit, Zufriedenheit inmitten von Chaos, Ungerechtigkeit, Klimakrise, Teuerung nicht zählen. Wie sonst sollen wir diese Emotionen spüren? Eine Neuausrichtung, die mit unserer inneren Stimme, unseren Seelen und Herzen geprüft werden will.

„scream
so that one day
a hundred years from now
another sister will not have to
dry her tears wondering
where in history
she lost her voice."
(Jasmin Kaur)

RAUM FÜR SCHMERZ, RAUM FÜR HEILUNG

This is not a single story. Und wir sind nicht allein mit diesen Konfrontationen. Audre Lorde beschreibt, dass kollektive Wut eint und Mut dazu macht, diese Erfahrungen, die nicht individueller, sondern struktureller Natur sind, aufzuarbeiten. *„Wir können lernen, unsere Empfindungen zu respektieren und in Sprache zu überführen, damit sie geteilt werden können."* Und durch das Teilen, durch das Sichtbarmachen dessen, was einer:m widerfahren ist, entsteht ein neuer Raum. Einer, in dem wir durch die Wut Menschen identifizieren können, die sich als Verbündete deklarieren, und jene, die sich klar abgrenzen. Wut hat also nicht nur für den Körper eine reinigende Wirkung, sie klärt auch auf, wer auf wessen Seite steht. Wut wird zur Lupe, die ungerechte Verhältnisse vergrößert. Sich dieser Eigenschaften bewusst zu sein, einen Raum zu haben, das zu verbalisieren und mit Gleichgesinnten zu teilen, kann stärken und Veränderung bewirken. Wenn wir aber daran gehindert werden, diese Emotionen zu fühlen, wenn uns das abgesprochen wird, negiert wird, dann macht uns das klein, schwach, krank. Und mündet in einen Zustand der Ohnmacht.

Das ganze Spektrum an Emotionen. Das Unsichtbare sichtbar zu machen ist Teil der Emotionsarbeit, aber auch Teil der antirassistischen Arbeit. Dafür braucht es die Gefühle, diese sichtbar zu machen und aufzuzeigen, was hier mit uns passiert, das nachzuspüren und Raum für den Schmerz zu gewährleisten, um Raum für die Heilung zuzulassen.

Es kann nicht anders werden, wenn es nicht sein darf: die Wut, die Enttäuschung, der Schmerz, die Trauer, die Erschöpfung. Um also zu Mut, zu einem anderen Zustand zu finden, muss zuerst der Raum, die Möglichkeit da sein, um das fühlen und ausdrücken zu dürfen. Wir brauchen Räume für diesen Schmerz, Räume für unsere Gefühle. Sich immer wieder auf den Kampf einzulassen, gegen Ungerechtigkeiten anzukämpfen, ist mutig. Mut, der aus der Wut geschöpft wird, wenn sie denn zugelassen wird. Wenn Schmerzen bearbeitet, benannt werden können. Das bedeutet auch, Machtstrukturen innerhalb der Erzählungen aufzuspüren: Welche Stimme erzählt und wessen Geschichte zählt?

Hier den Blick für andere feministische, widerständige, dekonstruierende, irritierende Geschichten zu öffnen bedeutet, dass wir jenen, die sich durch gesellschaftspolitischen, medialen und auch wissenschaftlichen Diskurs am Rande der Gesellschaft wiederfinden (zugleich aber in der Mitte leben und handeln), als Grenzgänger:innen (vgl. Derrida) den Raum geben, ihren kritischen Blick auf die Mitte der Gesellschaft hör/sichtbar zu machen.

Diesen Raum, diesen Ort der Wut auszuloten kann schmerzhaft sein, denn es gilt, Gefühle zuzulassen, die einem zunächst nicht zugestanden werden.

„To feel deeply we cannot avoid pain."
(bell hooks)

Der Wut ihren Raum zu geben, den Schmerz zuzulassen, die Trauer, die Erschöpfung, die Scham, die schwierigen Emotionen zu fühlen, um auch die schönen und leichten Seiten zu sehen - den Humor, der uns so gut als Umgang damit dient, die Ironie, das Glück der Privilegien, die wir als Verantwortung nutzen dürfen. Denn Privilegien verpflichten.

Wut auf ein bestehendes System zu empfinden bedeutet auch, die Hoffnung und den Wunsch nach einem gerechteren Leben zu hegen, die Imagination einer anderen Realität. Wut mobilisiert Energie, Mut gibt uns den Fokus, sie zielgerichtet einzusetzen, um zu einem anderen Leben zu finden: individuell wie kollektiv. Zum Heilen brauchen wir Unterstützung.

Da wäre zum Beispiel Saime, deren Geschichte ich zu Beginn des Buches erwähnte. Ihr Vater kam als Gastarbeiter in den 60er Jahren. Er hat hart gearbeitet, die Familie versorgt und das Land mit aufgebaut, zu einem Zeitpunkt, als es zu wenige Arbeitskräfte in Österreich und Deutschland gab. Als Saime vom Fenster aus beschossen wird, suchen ihre Eltern da Unterstützung, wo sie sie von Beginn an in dem für sie neuen Land fanden:

„heute musste ich meinen eltern davon erzählen. sie sind wütend. ihr erster gedanke: wir müssen unsere ‚netzwerke' in gang setzen. wie groß sind netzwerke in einem kleinen dorf in niederösterreich? sie kontaktieren unsere österreichischen großeltern – so nennen wir sie liebevoll, weil sie gefühlt alles seit unserer kindheit miterleben. Die familie sch. ist wütend. sie rufen im innenministerium, in der polizeiinspektion an – bei allen stellen, die ihnen einfallen. mein vater überträgt live. sie erreichen niemanden. sch.s zittrige stimme am telefon zeigt mir, er ist betroffen. obwohl er niemals wirklich ‚betroffen' sein wird, ist er betroffen für jene, deren stimme weniger zählt."
(saime öztürk, Instagram)

Die Familie Sch. ist eine autochthon österreichische Familie, die sich von Anfang an ihrer angenommen und gezeigt hat, wie man füreinander da sein kann. Nämlich menschlich. Geleitet von Emotionen des Zusammenhalts. Sie blieben über all die Jahre in Kontakt, und fühlten sich nach wie vor für die Anliegen von Saimes Familie mitverantwortlich, versuchten zu helfen, soweit sie eben helfen können.

UTOPIE ALS NICHT-ORT

Aktuell sind wir als Gesellschaft sehr damit beschäftigt, Ungerechtigkeit aufzuzeigen. Das ist wichtig, aber unsere Auseinandersetzung muss darüber hinausgehen. Wir brauchen einen Austausch darüber, welche Gesellschaft wir eigentlich formen wollen. Wenn die Energie aus den Gegenpositionen frei wird, um aktiv an neuen Narrativen mitzuwirken, dann entsteht ein ungeheures Potenzial für eine andere Welt. In der Position, für etwas zu sein, liegt viel Kraft.

Wer sind wir, wenn wir Rassismen abziehen? Was wollen wir kreieren, schaffen, schreiben? Was inspiriert und berührt uns? Wozu würden wir eher Ja sagen, statt in Wut, Trauer, Erschöpfung und Verweigerung zu verharren? Welche Sehnsüchte bahnen sich ihren Weg? Welche Emotionen würden auf unserer Landkarte Platz und Raum einnehmen?

In einer Dominanzgesellschaft, in der Marginalisierte als unmündig, unterdrückt, ungleich gespiegelt werden, müssen Betroffene gut achtgeben, welche Fremdwahrnehmungen eine Rolle für die Selbstwahrnehmung spielen. Was wird hier gespiegelt? Statt uns also mit den Spiegelungen zu beschäftigen, brauchen wir einen anderen Spiegel, einen der Wertschätzung, des Wohlwollens, des Wachstums.

> *„May we stop seeing ourselves through the eyes of people who never saw us."*
> (Shane Steele)

Um zu sein. Denn wenn wir in einen Spiegel blicken, der uns verzerrte Reflexionen zurückwirft, schränkt uns das ein. In unseren Emotionen.

Wut hat zwei Aspekte, zerstörerisch und gestalterisch. Der destruktive Anteil, der zerstört, zielt auf ein System des Patriarchats ab. Neues schaffen können wir mit dem produktiven, gestalterischen Anteil der Wut – etwas aufbauen, worin alle Menschen und somit auch Marginalisierte Platz finden.

Auf dass neue emotionale Landkarten entstehen, die die Navigation hin zu einem gerechten, gleichberechtigten Leben erleichtern. Etwas Neues zu schaffen und zu konstruieren heißt, die Wut ernst zu nehmen. Dann kommen wir ins Handeln und finden unsere Wirkmacht. Menschen wachsen und gedeihen dort, wo ihre Gefühle ernst genommen werden. Wo die Wut Platz findet und einen Unterschied machen darf. Denn dann machen wir Menschen einen Unterschied.

Ein Ort namens Wut – die Utopie ist der Gegenentwurf zum aktuellen Zustand der emotionalen Landkarte. Die Utopie als ein Nicht-Ort ist ein Ort im Kommen, im Entstehen. Um zu einem gerechteren, friedlichen, guten Leben für alle zu finden, braucht es die Erforschung der Schmerzen, der Gefühle und vor allem der Wut.

Mögen wir der Wut ihren Raum geben. Die Bestärkung darin finden, die eigenen Rechte einzufordern, zu träumen und in Visionen zu denken. Dank der Wut, die uns zeigt, was uns wichtig ist, dass wir uns nicht vom Status quo herunterziehen lassen, sondern erkennen, dass ein anderes Leben und eine andere Gesellschaft möglich sind.

Mögen viele Menschen gemeinsam an einer ressourcenschonenden, gleichberechtigten, feministischen Landkarte als Navigator:innen sowohl auf theoretischer als auch auf praktischer Ebene arbeiten.

Mögen wir der Wut ihren Raum geben, sie zulassen, sie fühlen. Ihre Marginalisierung nehmen. Die Kriminalisierung aufheben. Möge die individuelle Wut sich ihren Weg zu einer kollektiven bahnen. Mögen die wütenden Herzen Antrieb für Veränderung sein. Mögen die wütenden Herzen gegen Ungerechtigkeiten vorgehen.

Die Geschichten der Wut und der Wütenden sind Geschichten dieser Gesellschaft. Unsere Geschichten. Keine *Fremden,* sondern Fremdgemachte. Um das zu ändern, braucht es ein Treffen an einem Ort namens Wut, um dies als Ausgangspunkt für Veränderung zu nehmen. Wir sind eure Kinder.

Wütend, erschöpft und müde. Aber zu Träumen und Veränderung bereit.

„What is coming is better than what has gone by."
„The dreamers never get old."[111]

ANMERKUNGEN

1 Anonym.

2 Gefühle und Emotion verwende ich synonym. Dies ist kein psychologisches Fachbuch, wenngleich ich mich auf Erkenntnisse der Emotionspsychologie beziehe.

3 Ich benutze den Begriff *Dominanzgesellschaft* in Anlehnung an Birgit Rommelspachers Konzept der Dominanzkultur, die sie so definiert: „...ein Geflecht verschiedener Machtdimensionen [...], die in Wechselwirkung zueinander stehen". Dominanzkultur verdeutlicht einen Blick, die Art, wie die Welt aus der Perspektive der „Mächtigen" oder der „Mehrheitsgesellschaft" gelesen und wirkmächtig gedeutet wird. Diesen Blick können sich auch Menschen aneignen, die einer sogenannten Minderheit angehören. Birgit Rommelspacher: *Dominanzkultur. Texte zu Fremdheit und Macht*, Orlanda Frauenverlag, Berlin 1995.

4 Ich verwende die Bezeichnung *Weiße* nach James Baldwins Verständnis von Weißsein als sozial privilegierter Position der Macht:
„I attest to this: / the world is not white;/ it never was white, / cannot be white. / White is a metaphor for power." (Raoul Peck, James Baldwin: *I am not your Negro*, Dokumentarfilm, Velvet Films, 2016.)

5 Genetik spielt dabei eine Rolle. Aber nicht die ausschließliche.

6 Neurobiological Approaches to Nature and Values (gerald-huether.de)

7 Armin und Dijana Kurtović sprechen über ihren in Hanau ermordeten Sohn, Hamza Kurtović, www.spiegel.de.

8 „Wut-Muslima zeigt Polizisten an", (oe24.at, 4.11.2018).

9 Rami Ali, Facebook-Eintrag.

10 „Schwarz" wird großgeschrieben, da es sich hierbei um eine Selbstbezeichnung handelt, die Rassismuserfahrungen sichtbar macht, sowie die geteilte Erfahrung von Widerstandskämpfen gegen Unterdrückung. Es handelt sich also um eine soziale Kategorie und keineswegs um eine Eigenschaft oder Hautfarbenbeschreibung.

11 Derald Wing Sue: *Microaggressions in Everyday Life: Race, Gender, and Sexual Orientation.* John Wiley & Sons, New Jersey 2010.

12 PNAS: „Bodily maps of emotions“, https://www.pnas.org/doi/full/10.1073/pnas.1321664111.

13 Thomas Hülshoff: *Emotionen. Eine Einführung für beratende, therapeutische, pädagogische und soziale Berufe,* UTB 2012.

14 Ciani-Sophia Hoeder: *Wut und Böse.* Hanserblau, Berlin 2021, S. 11.

15 „Wut ist ein Katalysator. Wenn wir an ihr festhalten, macht sie uns müde und krank. Wenn wir sie hinunterschlucken, nimmt sie uns unsere Freude und unseren Schwung; wenn wir sie herauslassen, verlieren unsere Versuche, Veränderung herbeizuführen und Verbindungen zu knüpfen an Wirkung. Sie ist eine Emotion, die wir in etwas Lebenspendendes verwandeln müssen: Mut, Liebe, Veränderung, Mitgefühl, Gerechtigkeit. Manchmal verbirgt Wut auch eine weitaus kompliziertere Emotion wie Trauer, Reue oder Scham; und wir brauchen sie, um das freizulegen, was wir wirklich fühlen. So oder so ist Wut ein starker Katalysator, aber ein kraftraubender Begleiter.“ Brené Brown: *Atlas of the Heart: Mapping Meaningful Connection and the Language of Human Experience.* Random House, New York 2021.

16 Jean-Jacques Rousseau: *Emil oder Über die Erziehung.* Frei aus dem Französischen übersetzt von Hermann Denhardt. Neue Ausgabe, Band 1 und 2, Leipzig: Philipp Reclam jun., o. J., S. 339.

17 Dr. Oetker-Werbefilm „Wenn man’s eilig hat“ mit „Frau Renate“, 1954. Auf YouTube.

18 Dr. Oetker-Werbefilm „Wenn plötzlich Besuch kommt“ mit „Frau Renate“, 1954. Auf YouTube.

19 Bewusst männlich formuliert.

20 Presseaussendung des AMS vom 12.1.2016.

21 BIPoC steht für „Black, Indigenous and People of Colour“ und ist eine inklusive Bezeichnung für nicht-weiße Menschen, die von Rassismus betroffen sind.

22 Cardi B auf Twitter: „PARIS FASHION WEEK, I’M HERE!“

23 *Vogue France* auf Instagram: „Swipe left for your recap of @JuliaFox & @KanyeWest style journey at the haute couture shows in Paris this week. Swipez sur la gauche...“

24 Osama Chabbi auf Instagram: „Schreibt nicht ‚Ja zum Kopftuch‘ unter euer Posting, wenn meiner Mama in mehreren Institutionen ‚Nein zu deinem

Kopftuch' gesagt wurde. Das bringt uns zurück zu dem Streit, der nach Kims Met-Gala-Look geführt wurde. Benutzt das nicht dazu, unseren Glauben zu legitimieren, und Trends werden die traumatische Erfahrung nicht aufheben, als Community war es schwierig."

25 bintjalisco: „2021 und Frauen können nicht in die Schule gehen, eine Arbeit bekommen, an den Strand gehen oder ihre Kinder auf Schulausflüge begleiten, wenn sie sich nicht an die Kleidungsvorschriften halten und müssen am Ende Strafen zahlen oder werden verhaftet."

26 Informationen für ukrainische Flüchtlinge zur Krankenversicherung unter www.gesundheitskasse.at.

27 Eko Fresh, Rapsong „Gastarbeiter".

28 Marius Kothor: „Den Großteil meiner Kindheit habe ich in Flüchtlingslagern verbracht und ich denke darüber nach, wie anders mein Leben verlaufen wäre, wenn all diese Staaten meiner Familie ihre Grenzen geöffnet hätten, als wir in den frühen 90ern vor politischen Konflikten flohen. Stattdessen hingen wir 7 Jahre in Flüchtlingslagern fest."

29 Dr. Ayo Sogunro: „Es geht mir nicht aus dem Kopf, dass Europa 2015 wegen 1,4 Mio. Kriegsflüchtlingen aus Syrien über eine ‚Flüchtlingskrise' jammerte, und trotzdem innerhalb von wenigen Tagen an die 2 Mio. Ukrainer:innen aufnahm, fahnenschwenkend und mit Klaviermusik. Europa hatte niemals eine Flüchtlingskrise. Es hat eine Rassismuskrise."

30 Celia Parbey: „Frauen und Kinder zuerst - außer, sie sind Schwarz", ze.tt (zeit.de), 2.3.2022.

31 Dieser Titel wurde nach viel Kritik geändert in Marc Felix Serrao: „Willkommenskultur - aber richtig!" www.nzz.ch, 1.3.2022.

32 Charlie D'Agata: „Dies ist kein Ort, bei allem Respekt, wie Irak oder Afghanistan, an dem jahrzehntelange Konflikte gewütet haben. [...] Dies ist eine relativ zivilisierte, relativ europäische - auch hier muss ich mich vorsichtig ausdrücken - Stadt, in der man so etwas nicht erwarten würde oder hoffen, dass so etwas nicht passiert."

33 Dirk Kubjuweit: „Der Wutbürger", spiegel.de, 11.10.2010.

34 vgl. Susanne Rippl: „Phänomene der Mitte?"

35 Mona Singer: *Fremd. Bestimmung: zur kulturellen Verortung von Identität*, edition diskord, Tübingen 1997.

36 „Toter Asylbewerber in Dresden: An Messerstichen gestorben", Michael Bartsch, taz.de, 14.1.2015.

37 dpa Niedersachsen: „Größte Gefahr kommt vom Rechtsextremismus", zeit.de, 16.1.2023.

38 „Ein Dorf wählt rechts. Vorsorglich", Hasnain Kazim, spiegel.de, 17.10.2017.

39 „Oxfam: Superreiche haben ihr Vermögen während der Pandemie verdoppelt", Rita Konya, Euronews.com, 17.1.2022.

40 Richard Sennetts Eröffnungsrede zu den Lessingtagen 2015 am Hamburger Thalia Theater. Auf YouTube.

41 „Ungleichheit ist die größte, neuerlicher Lockdown die geringste Sorge", Conrad Seidl, derStandard.at, 1.1.2023.

42 Thomas Hülshoff: *Emotionen. Eine Einführung für beratende, therapeutische, pädagogische und soziale Berufe,* UTB 2012.

43 Dominique Moïsi: *Kampf der Emotionen: Wie Kulturen der Angst, Demütigung und Hoffnung die Weltpolitik bestimmen,* DVA, Stuttgart 2009.

44 Ich setze „der Islam" unter Anführungszeichen, in Anlehnung an Thomas Bauers Zugang, dass „der Islam" in der Vielfalt zu verstehen ist: *„[...] und es somit ‚den Islam' nicht gibt [...]",* vgl. Thomas Bauer: *Die Kultur der Ambiguität. Eine andere Geschichte des Islam,* Verlag der Weltreligionen, Berlin 2011, hier S. 14.

45 Jan Assmann: *Das kulturelle Gedächtnis. Schrift, Erinnerung und politische Identität in frühen Hochkulturen,* C.H. Beck, München 1997, S. 34.

46 Michelle Obama: *Becoming. Meine Geschichte,* Goldmann, München 2018, S. 325.

47 Reinhard Haller: *Die dunkle Leidenschaft. Wie Hass entsteht und was er mit uns macht,* G&U, München 2022.

48 Auf Hochdeutsch: „Nein, ich brauche keine Hilfe von jemandem aus dem Mittelalter!"

49 Leibniz Science Campus „Eastern Europe – Global Area" (Hg.): *Understanding and Explaining Islamophobia in Eastern Europe.* Universität Leipzig 2018. www.leibniz-eega.de

50 Ebenda.

51 Friedrich Nietzsche: *Unzeitgemäße Betrachtungen III, Schopenhauer als Erzieher I,* in: Colli, Giorgio / Montinari, Mazzino (Hrsg.): *Die Geburt der Tragödie. Unzeitgemäße Betrachtungen I-IV. Nachgelassene Schriften 1870-1873. Kritische Studienausgabe,* München/Berlin 1988.

52 James Baldwin: „Was die Weißen tun müssen ist, für sich versuchen herauszufinden, warum es überhaupt notwendig war, einen N* zu haben, denn ich bin kein N*, ich bin ein Mensch. Aber wenn ihr denkt, dass ich ein N* bin, dann heißt das, dass ihr ihn braucht... Ich bin nicht der N* hier und ihr habt ihn erfunden, ihr Weiße habt ihn erfunden, und so müsst ihr herausfinden, warum. Und davon hängt die Zukunft des Landes ab, ob es imstande ist, diese Frage zu stellen oder nicht."

53 Edward Said: *Orientalismus.* Fischer, Frankfurt/M. 2009.

54 Dirk Halm / Martina Sauer: *Muslime in Europa - integriert aber nicht akzeptiert?* Bertelsmann Stiftung, Gütersloh 2017.

55 Anonym. Deutsch etwa: „Verletzte Menschen verletzen Menschen."

56 Matt Kahn: „Egal, wie offen, friedfertig und liebevoll du zu sein versuchst: andere können dir nur mit der Tiefe begegnen, mit der sie sich selbst begegnet sind."

57 Die Studienleiterin von meinungsraum.at, Christina Matzka, attestiert insgesamt eine Verbesserung und zunehmend tolerantere Haltung der Österreicher:innen, vor allem in Bezug auf Behinderung, Geschlecht und Homosexualität. Lediglich beim „Islam" werde eine Ausnahme gemacht: Dem sei man nicht so tolerant gegenüber.

58 Rainer Forst: *Toleranz im Konflikt. Geschichte, Gehalt und Gegenwart eines umstrittenen Begriffs,* Suhrkamp, Berlin 2012.

59 Julia Kristeva: *Fremde sind wir uns selbst.* Übersetzt von Xenia Rajewsky. Suhrkamp, Frankfurt/M. 1990.

60 James Baldwin in einem Interview 1961, nachzuhören auf YouTube: https://www.youtube.com/watch?v=jNpitdJSXWY

61 Michelle Obama: *Becoming. Meine Geschichte,* Goldmann, München 2018, S. 342.

62 Siehe Alice Hasters: *Was Weiße Menschen nicht über Rassismus hören wollen. Aber wissen sollten,* Hanserblau, Berlin 2021.

63 Michelle Obama: *Becoming. Meine Geschichte,* Goldmann, München 2018. Engl. Ausgabe: *Becoming.* Crown Publishing Group, New York 2018.

64 Stefan Zweig: *Die Welt von Gestern. Erinnerungen eines Europäers.* Fischer, Frankfurt/M. 1982, S. 279.

65 Audre Lorde: „Jede Frau hat ein wohlgefülltes Wut-Arsenal, das gegen diese persönliche und institutionelle Unterdrückung potenziell nützlich ist und von dieser hervorgerufen wurde. Wenn es gezielt und präzise angewandt wird, kann es eine ergiebige Energiequelle werden, die dem Fortschritt und der Veränderung dient."

66 Kimberlé Crenshaw: „Demarginalizing the Intersection of Race and Sex: A Black Feminist Critique of Antidiscrimination Doctrine, Feminist Theory and Antiracist Politics", in: *University of Chicago Legal Forum* 1/1989, S. 139–167.

67 Marverine Cole: „Währenddessen weigern sich ganze Bevölkerungsschichten, irgendein anderes Narrativ über und zu glauben, sodass es starke Auswirkungen auf unser Leben, unsere Karrierechancen und sogar unsere Partner:innenwahl hat [...]. Wir werden ständig als abweisend, herausfordernd, unattraktiv und nicht liebenswert dargestellt (die Letzte, die sich irgendein Mann aussuchen würde). Schwarze Frauen stehen vor der doppelten Diskriminierung durch race und Gender. Selbst unser eigenes natürliches Haar und unsere Schönheit wird dafür kritisiert, nicht europäisch genug, nicht professionell zu sein. Wer hört uns also, wenn wir uns schließlich zu Wort melden und zugeben, dass wir fragil sind und professionelle Hilfe brauchen?"

68 Immanuel Kant: *Beobachtungen über das Gefühl des Schönen und Erhabenen.* Friedrich Hartknoch, Riga 1771.

69 Benedict Anderson: *Die Erfindung der Nation. Zur Karriere eines folgenreichen Konzepts.* Campus, Frankfurt/M. 1996, S. 185.

70 Valentina Primo: „Many People Want To Cast You As ‚The Angry Arab' But I'm Not Falling Into That Trap", 20.6.2016, arabamerica.com.
Ahmed Shihab-Eldin: „Wenn du als Araber in den USA bist, wollen dich viele als ‚den wütenden Araber' casten, als den unheimlichen Araber. Sie wollen, dass du diese Figur bist, sie wollen gewissermaßen, dass du wütend bist, denn so wird die Arabische Welt gesehen, durch diese Terror-Brille, als barbarisch, als von Natur aus gewalttätig. Es ist einfach mehr als frustrierend. Natürlich kotzt mich das an, aber ich will nicht angekotzt sein, weil das nicht produktiv ist, und weil ich nicht in diese Falle gehen will. Ich bin auch viele andere Dinge. Nicht nur Araber. Wenn ich in Mainstream-Medien auftrete und sie mich als ‚Ahmed, den muslimischen Journalisten' buchen, dann frage ich: Und was ist ein:e christliche:r Journalist:in, ein:e jüdische:r Journalist:in? Warum bin ich ein

muslimischer Journalist? Also bin ich sehr vorsichtig, nicht in diese Falle zu gehen."

71 https://bunchecenter.ucla.edu/2012/05/15/bunche-research-report/

72 Grada Kilomba: *Plantation Memories. Episodes of Everyday Racism – Kurzgeschichten in englischer Sprache,* Unrast Verlag, Münster 2018, S. 26.

73 Eine alternative Antwort auf die Mercator-Karte ist beispielsweise die Peters-Projektion von 1974, mit der Arno Peters einen „gerechteren" Blick auf die Welt ermöglicht: Die Länder werden im flächentreuen Größenverhältnis zueinander dargestellt, allerdings nicht längen- und winkeltreu, deshalb wirken die Kontinente im Vergleich mit der Mercator-Projektion in die Länge gezogen. Wie stark diese Verzerrung ist, wird auf der interaktiven Karte von thetruesize.com sichtbar. Dort kann man sich einzelne Länder und deren Größe in der richtigen Perspektive anzeigen lassen. Die Länder sind auch verschiebbar, um den direkten Vergleich mit anderen zu haben. So wird deutlich, dass etwa Grönland im Vergleich mit Südamerika sehr, sehr klein ist. Auf der Mercator-Karte ist Grönland allerdings riesig.

74 Audre Lorde: „Wut ist der Gram über Falschheiten zwischen Gleichgesinnten, und seine Absicht ist Veränderung."

75 Anonym: „Ich saß lang genug mit meiner Wut zusammen, bis sie mir sagte, ihr richtiger Name sei Trauer."

76 Paul Ekman: *Gefühle lesen. Wie Sie Emotionen erkennen und richtig interpretieren.* Springer Verlag, Heidelberg 2017.

77 U. Kluge et al.: „Rassismus und psychische Gesundheit", in: *Nervenarzt* 91(11)/2020, S. 1017–1024.

78 Elizabeth Cantor-Graae, Jean-Paul Selten: „Schizophrenia and Migration: A Meta-Analysis and Review", in: *American Journal of Psychiatry* vol. 162,1/2005, S. 12–24.

79 Y. Paradies et al.: „Racism as a Determinant of Health: A Systematic Review and Meta-Analysis", in: *PLoS One,* 9/2015.

80 Im Interview mit Laura Dahmer: „Rassismus ist bis heute ein blinder Fleck in der Psychotherapie", 28.8.2020, zeit.de.

81 Brea L. Perry et al.: „Too Much of a Good Thing? Psychosocial Resources, Gendered Racism, and Suicidal Ideation among Low Socioeconomic Status African American Women", in: *Social Psychology Quarterly* 4/2012, S. 334–359 (sagepub.com); Cooper, J et al.: „Ethnic differences in self-

harm, rates, characteristics and service provision: Three-city cohort study“, in: *The British Journal of Psychiatry,* 197(3)/2010, S. 212–218.

82 Wendy Ashley: „The angry black woman: the impact of pejorative stereotypes on psychotherapy with black women“, in: *Soc Work Public Health,* 29(1)/2014, S. 27–34.

83 Leslie R. M. Hausmann et al.: „Impact of perceived discrimination in health care on patient-provider communication“, in: *Med Care,* 49(7) Jul /2011, S. 626–633.

84 Selbst in der Forschung sind Marginalisierte unterrepräsentiert: Es gibt im deutschsprachigen Raum kaum Studien zu den Auswirkungen von Rassismus auf die Psyche Betroffener. Im angloamerikanischen Raum sieht es da etwas besser aus, aber selbst dort besteht Aufholbedarf.

85 Malone Mukwende: „Wenn die Ärzt:innen von morgen besser darüber Bescheid wissen, wie sich Anzeichen und Symptome auf Schwarzer und Brauner Haut zeigen, wird das die Krankenpflege verbessern und die heutige Ungleichheit im Gesundheitswesen vermindern.“

86 A. Goreis et al.: „Psychobiological effects of chronic ethnic discrimination in Turkish immigrants: Stress responses to standardized face-to-face discrimination in the laboratory“, in: *Psychoneuroendocrinology,* 142/2022, Art. 105785.

87 ARD-Talkshow „Maischberger“ vom 18. 01. 2018.

88 Jan Hestmann: „#reichenhetze: Die beschämendsten Tweets über Diskriminierung“, 22. 01. 2018, fm4.ORF.at.

89 Sara Ahmed: „So viel Macht & Gewalt funktioniert durch Erschöpfung: die Erschöpfung der Widerstandsfähigkeit der Menschen, die Erschöpfung der Fähigkeit der Menschen, nach ihren eigenen Vorstellungen zu leben, die Erschöpfung davon, sich immer durch Systeme hindurchhangeln zu müssen, die so gebaut sind, es dir schwerer zu machen bei dem, was du brauchst.“

90 Unter Klassismus versteht man die Diskriminierung aufgrund der sozioökonomischen Position des Gegenübers, die als niedriger eingestuft wird.

91 Dudu Küçükgöl: „Spricht sie noch oder schweigt sie schon? Silencing-Strategien gegen muslimische Frauen in der feministischen Praxis“, in Alisha M. B. Heinemann, Natascha Khakpour (Hg.): *Pädagogik sprechen. Die sprachliche Reproduktion gewaltvoller Ordnungen in der Migrationsgesellschaft,* Metzler, Stuttgart 2019, S. 83–98.

92 Friede sei auf ihm.

93 Black Voices (Hg.): *War das jetzt rassistisch? 22 Anti-Rassismus Tipps für den Alltag,* Leykam, Wien 2022.

94 Michel Foucault: *Überwachen und Strafen. Die Geburt des Gefängnisses,* übersetzt von Walter Seitter, Suhrkamp, Frankfurt/M. 1992, S. 260.

95 Das heißt nicht, dass es nicht auch Hürden gibt, wie etwa Klassismus.

96 Mehr dazu finden Sie in Papers von Dudu Küçükgöl: „Brauchen wir einen muslimischen Feminismus?“, in Amani Abuzahra (Hg.): *Mehr Kopf als Tuch. Muslimische Frauen am Wort,* Tyrolia, Innsbruck 2017, S. 81–102 und „Spricht sie noch oder schweigt sie schon?“ (siehe oben).

97 Anonym.

98 BAMF ist die Abkürzung für das deutsche Bundesamt für Migration und Flüchtlinge.

99 Samia Aden: „Klimawandel und Fluchtmigration. (Im)Mobilitäten ehemaliger Nomad*innen in (in-)formellen Lagern Somalias“, in: J. Devlin et al. (Hg.): *Praktiken der (Im-)Mobilisierung. Lager, Sammelunterkünfte und Ankerzentren im Kontext von Asylregimen,* transcript, Bielefeld, 2021, S. 181–198.

100 Viola Filindassi et al.: „Impact of COVID-19 First Wave on Psychological and Psychosocial Dimensions: A Systematic Review“, in: *COVID,* 2/2022, S. 273–340.

101 Muna Abdi: „Statt die Menschen für ihre Resilienz zu loben, ändert die Systeme, die sie verletzlich machen.“

102 Wie Franziska Schutzbach in ihrem Buch ausführt. F. Schutzbach: *Die Erschöpfung der Frauen. Wider die weibliche Verfügbarkeit,* Droemer HC, München 2021.

103 Herman Melville: „Bartleby, der Schreiber. Eine Geschichte aus der Wallstreet“, in: *Erzählungen.* 2. erw. Aufl., Reclam, Leipzig 1981.

104 Saundra Dalton-Smith: *Sacred Rest: Recover your Life, renew your Energy, restore your Sanity.* FaithWords, New York 2017.

105 Alle Formen der Pausen sind aus dem Buch von Saundra Dalton- Smith: S. 33–102.

106 Friedrich Nietzsche: *Jenseits von Gut und Böse.* Suhrkamp, Frankfurt/M. 1969, S. 82.

107 W.E.B. Du Bois: *The Souls of Black Folk: Essays & Sketches,* A. C. McClurg, Chicago 1903, S. 2.

108 Malcolm X: „Wenn du mir ein Messer neun Zoll in den Rücken stichst und es dann sechs Zoll wieder herausziehst, ist das kein Fortschritt. Wenn du es ganz herausziehst, ist das kein Fortschritt. Fortschritt ist es, die Wunde zu heilen, die der Stich verursacht hat. Und sie haben noch nicht einmal das Messer herausgezogen, geschweige denn die Wunde geheilt. Sie geben nicht einmal zu, dass das Messer da ist!"

109 Madeleine Darya Alizadeh im Interview mit Christopher Bonnen: „1000 Tabs ploppen in meinem Kopf auf", 15.9.2022, ZEIT Campus, zeit.de.

110 Cory Muscara: „Ich glaube nicht, dass unsere Welt mehr positive Einstellung braucht. Ich glaube, unsere Welt braucht Köpfe, die in der Lage sind, mit der Komplexität des Lebens zu leben. Köpfe, in denen Platz für Zwischentöne und Gegensätze ist. Köpfe, die geerdet, zentriert und offen bleiben können für die gesamte Bandbreite des Menschlichen."

111 Anonym.

DANK

Dieses Buch hat sich seinen Weg gebahnt. Schon lange begleitete mich die Idee, die emotionale Landkarte Marginalisierter zu skizzieren. In vielen Vorträgen, Seminaren und Workshops, die ich halten durfte, machte ich immer wieder die Entdeckung, wie sehr uns Gefühle leiten, den Weg zueinander versperren oder aber ebnen. Doch es macht einen Unterschied, ob man von Rassismus betroffen ist oder die Wahl hat, sich damit auseinanderzusetzen. Dieses Buch wäre ohne die Unterstützung von Familie, Menschen, die mich lieben und mich unterstützen, nicht entstanden. Danke.

Danke, Stefanie Jaksch, für deine Offenheit und deinen Zuspruch.

Danke, Paul Maercker, für dein wertvolles Lektorat, deine Geduld mit den Worten und mit mir.

Danke an die Familien, Marginalisierten, *Fremdmarkierten,* die in diesem Buch vorkommen. Die ihr Leben leben, allem zum Trotz. Mich inspirieren, mir Hoffnung geben, mich lehren und bestärken.

ٱلْحَمْدُ لِلَّٰهِ

Alhamdulillah.

Faika El-Nagashi Mireille Ngosso
FÜR
ALLE
DIE HIER SIND
KREMAYR & SCHERIAU

ANTIRASSISMUS BEI
KREMAYR & SCHERIAU

K&S

FAIKA EL-NAGASHI
MIREILLE NGOSSO

FÜR ALLE, DIE HIER SIND

Faika El-Nagashi (Die Grünen) und Mireille Ngosso (SPÖ) sind österreichische Politikerinnen mit ungewöhnlichen Biografien. Im Ausland geboren und in Österreich aufgewachsen, sind sie „sichtbar" – als Schwarze Frau und als Woman of Color geben sie der österreichischen Politik ein neues Gesicht und motivieren und begeistern vor allem junge Menschen für politische Inhalte und aktivistisches Engagement.

In ihrem Buch erzählen die beiden vom Aufwachsen zwischen den Welten, von Zugehörigkeit, Selbst- und Fremdbildern. Sie thematisieren ihren Weg in die Politik und beleuchten ungeschönt Sonnen- und Schattenseiten des politischen Parketts. Gemeinsam kämpfen sie parteiübergreifend für eine sozial gerechte, antirassistische und solidarische Wende in Gesellschaft und Politik.

€ (D, A) 22,-
ISBN 978-3-218-01311-6

www.kremayr-scheriau.at

ISBN 978-3-218-01370-3

Einbandgestaltung, typografische Gestaltung und Satz: Sheila Ehm, unter Verwendung einer Illustration von Shutterstock/RDVector
Lektorat: Paul Maercker
Druck und Bindung: BALTO print, EU